DAR A VIDA
E CUIDAR DA VIDA

FUNDAÇÃO EDITORA DA UNESP

Presidente do Conselho Curador
Herman Jacobus Cornelis Voorwald

Diretor-Presidente
José Castilho Marques Neto

Editor-Executivo
Jézio Hernani Bomfim Gutierre

Conselho Editorial Acadêmico
Alberto Tsuyoshi Ikeda
Áureo Busetto
Célia Aparecida Ferreira Tolentino
Eda Maria Góes
Elisabete Maniglia
Elisabeth Criscuolo Urbinati
Ildeberto Muniz de Almeida
Maria de Lourdes Ortiz Gandini Baldan
Nilson Ghirardello
Vicente Pleitez

Editores-Assistentes
Anderson Nobara
Henrique Zanardi
Jorge Pereira Filho

LUCILA SCAVONE

DAR A VIDA
E CUIDAR DA VIDA

FEMINISMO E CIÊNCIAS SOCIAIS

© 2003 Editora UNESP

Direitos de publicação reservados à:
Fundação Editora da UNESP (FEU)
Praça da Sé, 108
01001-900 – São Paulo – SP
Tel.: (0xx11) 3242-7171
Fax: (0xx11) 3242-7172
www.editoraunesp.com.br
www.livrariaunesp.com.br
feu@editora.unesp.br

CIP – Brasil. Catalogação na fonte
Sindicato Nacional dos Editores de Livros, RJ

S315d
    Scavone, Lucila
        Dar a vida e cuidar da vida: feminismo e ciências sociais / Lucila Scavone. –
    São Paulo: Editora UNESP, 2004.
        il.
        Inclui bibliografia
        ISBN 85-7139-548-9

        1. Feminismo. 2. Mulheres – Condições sociais. 3. Reprodução huma-
na – Aspectos sociais. 4. Ciências sociais. 5. Pesquisa social. I. Título.

04-2211
                                                                                           CDD 305.42
                                                                                           CDU 392

Este livro é publicado pelo projeto *Edição de Textos de Docentes e
Pós-Graduados da UNESP* – Pró-Reitoria de Pós-Graduação e Pesquisa
da UNESP (PROPP) / Fundação Editora da UNESP (FEU)

Editora afiliada:

Asociación de Editoriales Universitarias
de América Latina y el Caribe

Associação Brasileira de
Editoras Universitárias

Para Alain, Yana e Julie.

SUMÁRIO

Introdução   9

1   A emergência das questões
feministas nas Ciências Sociais   21

2   Das diferenças às desigualdades:
o conceito de saúde reprodutiva na Sociologia   43

3   Direitos reprodutivos, políticas de saúde e gênero   55

4   Tecnologias reprodutivas:
novas escolhas, antigos conflitos   69

5   Impactos das tecnologias médicas na família   89

6   O aborto pelas lentes da Sociologia   101

7   Dar a vida e cuidar da vida: sobre maternidade e saúde   127

8 As múltiplas faces da maternidade   141

9 Maternidade: transformações
na família e nas relações de gênero   171

Referências bibliográficas   187

Introdução[1]

Este livro é a compilação de diversos artigos produzidos na última década, com base em pesquisas teóricas e empíricas que realizei sobre a problemática sociológica das mulheres, especificamente no campo da saúde. Trata-se de uma lenta construção amadurecida ao longo do meu ofício de socióloga, no ensino e na pesquisa, e teve, sem dúvida, influência vital da experiência feminista que vivenciei nos anos 70 e 80, na França e no Brasil.

Os textos selecionados mostram, explícita e implicitamente, a ligação do feminismo com as Ciências Sociais, pelo viés da Sociologia das Relações Sociais, no campo mencionado. Explicitamente, quando eles recorrem aos principais conceitos utilizados pela crítica feminista à análise da situação social das mulheres, evidenciando como estes se integraram e trouxeram novos aportes às Ciências Sociais, conforme a discussão dos dois primeiros artigos: "A emergência

---

1 Foi incluído somente um artigo publicado, em 1985, nos Cadernos de Pesquisa da Fundação Carlos Chagas, "As múltiplas faces da maternidade", por tratar da maternidade, tema-chave das minhas pesquisas sobre saúde das mulheres e por ter sido um marco importante na reflexão que desenvolvi nas pesquisas posteriores. A maioria destes artigos foi publicada em diversos veículos. Para este livro, modifiquei e atualizei alguns textos.

das questões feministas nas Ciências Sociais" e "Das diferenças às desigualdades: o conceito de saúde reprodutiva na Sociologia". Implicitamente, quando abordam sociologicamente temas clássicos do feminismo contemporâneo, tais como maternidade, contracepção, aborto, tecnologias reprodutivas, cuidados com a saúde.

Além disso, estes textos trazem à tona três questões importantes do debate feminista e acadêmico, que têm suscitado controvérsias na Sociologia, na História e na Política, compondo uma espécie de pano de fundo desta coletânea. A discussão introdutória destas questões busca articular as ideias presentes neste livro, realçando os elos entre o feminismo e as Ciências Sociais.

A primeira destas questões está relacionada com a construção do conhecimento científico nas Ciências Sociais, considerando, de um lado, a invisibilidade de gênero em suas análises, que utilizam um paradigma explicativo masculino, branco e universal, e, de outro lado, as rupturas epistemológicas alcançadas pela introdução de uma perspectiva feminista nestas ciências (Jaggar & Bordo, 1997; Farganis, 1997; Gergen, 1989, Schienbinger, 2001).

As teorias clássicas das Ciências Sociais não trataram a *questão feminista* como objeto de estudo em si, o que pode ser compreendido pelo próprio contexto em que surgiram, no século XIX e começo do século XX, no qual as mulheres estavam excluídas social e politicamente, predominando paradigmas científicos androcêntricos.[2] Do

---

2 Marx e Engels, em 1846, em A ideologia alemã (cf. Marx & Engels, 1953) referem-se, em uma passagem, à exploração da mulher e das crianças na família e, posteriormente, Engels, em 1884, em "El origen de la familia, de la propriedad privada y del Estado" diz que "o primeiro antagonismo de classes que apareceu na História coincide com o desenvolvimento do antagonismo entre o homem e a mulher na monogamia; e a primeira opressão de classes, com a do sexo feminino pelo masculino" (Engels, 1972, p.65), mas atrela a dominação masculina ao desenvolvimento do capitalismo. Leituras contemporâneas do autor, como a de Saffioti (1992, p.185), ressaltam o fato de Engels ter atribuído o "mesmo estatuto teórico ao conceito de classe social e ao conceito de opressão do sexo feminino pelo sexo masculino", levando-nos a supor que esta prerrogativa se constituiu em um elemento inaugural da articulação analítica de gênero e classe social, posteriormente desencadeada pelo feminismo marxista contemporâneo.

DAR A VIDA E CUIDAR DA VIDA 11

ponto de vista filosófico e político a *questão das mulheres* foi tratada por alguns socialistas utópicos como Saint-Simon e, mais radicalmente, por Fourier, o qual ganhou a simpatia de feministas pioneiras do século XIX, entre elas Flora Tristan e Jeanne Deroin.[3]

O reconhecimento da questão feminina como feminista só emergiu efetivamente nas Ciências Sociais com base na luta e na crítica feminista contemporânea. Por outro lado, o diálogo das teorias sociológicas contemporâneas com as teorias feministas situa-se, em certo sentido, no que Santos (1989, 1994) denomina de "transição paradigmática", isto é, a passagem dos paradigmas de explicação da ciência moderna (uma ciência objetivista, que separa natureza e cultura/sujeito e objeto, construindo-se contra o senso comum) para um novo tipo de ciência que busca superar essas dicotomias. Esta postura tece, também, uma crítica ao princípio universalista dos paradigmas modernos das ciências, os quais se apoiam em um só modelo hegemônico: de uma classe, de um sexo, de uma raça (Santos, 2000). No fundo desta problemática está, de um lado, a Epistemologia e a teoria das Ciências Sociais e Humanas, que tradicionalmente excluiu as mulheres; de outro, o caráter mesmo da produção científica feminista, suas permanências e rupturas.

Portanto, necessitando de "teorias que nos permitam pensar em termos de pluralidades e diversidades, em lugar de unidades universais" (Scott, 1999, p.203), a crítica feminista se abriu ao diálogo com

---

3 Comentadores de Weber mostram que ele não foi insensível à questão das mulheres. Na biografia escrita por sua mulher, Marianne Weber, observa-se que havia em Weber uma sensibilidade às desigualdades sociais das mulheres e, também, simpatia com as ideias feministas igualitárias (Weber, 2003). Entretanto, em sua obra, limitou-se a descrever o contexto da dominação masculina na família patriarcal (patriarcalismo). Mas alguns princípios de sua teoria foram utilizados em análises feministas, especialmente os que se referem ao significado intencional e inter-relacional dos fenômenos sociais. Bateman Novaes (2000, p.21) lembra-nos de que a construção dos tipos-ideais weberianos tende a classificar como desviantes "comportamentos inexplicáveis, socialmente irracionais"; nos casos das mulheres que não querem ter filhos e não praticam contracepção, o recurso à teoria weberiana se mostraria insuficiente à compreensão do fenômeno.

as sociologias contemporâneas, algumas vezes em uma postura de aceitação; outras vezes, de recusa: tanto com o estruturalismo-marxista de Althusser (Lauretis, 1994), como com o agir comunicacional de Habermas (Fraser, 1987) e, principalmente, com o pós-estruturalismo foucaultiano (Scott, 1999; Barret, 1999; Perrot, 1998), ou ainda, com a dinâmica do *habitus* de Bourdieu (Fougeyrollas-Schewebel, 1993; Perrot, 1999; Corrêa, 1999), entre outros.

Desses autores, Foucault foi, provavelmente, um dos pensadores cuja teoria teve interlocução mais profunda com o feminismo – especialmente, nas análises sobre as questões do corpo, da sexualidade, da medicina – tanto com a genealogia do poder e suas tecnologias, produzindo sujeitos/corpos disciplinados, como também com a abordagem histórica descontínua (Foucault, 1976; 1977; 1984a, b).

Além disso, sua análise dos micropoderes sociais e sua concepção da diversidade e multiplicidade das relações sociais (Foucault, 1979) foram elementos que estiveram presentes no debate e nas análises feministas. As pesquisas feministas sobre saúde das mulheres, cujo objeto de estudo está voltado para o corpo, às instituições médicas e a seus atores, não ficaram imunes às influências *foucaltianas*, o que ocorreu, sem dúvida, com as que eu realizei neste campo.

Apesar desta reconhecida influência, algumas autoras (Fraser, 1989; Fernández, 2000) têm mostrado que o diálogo de Foucault com o feminismo também foi construído com muitas ambiguidades e tensões. Isto porque, ao mesmo tempo em que ele contribuiu para desconstruir o discurso normativo sobre dominação e poder na sociedade, construiu outra normatividade para o desenvolvimento da "emancipação futura", que, por estar demasiadamente ancorada na realização das identidades subjetivas, esvaziava a possibilidade de saídas coletivas, chocando-se com a proposta do movimento feminista.

Por outro lado, foi Bourdieu (1990; 1998) um dos teóricos que, da década de 1990 em diante, mais suscitou adesões, críticas e rejeições das cientistas sociais feministas, não só por abordar a questão

DAR A VIDA E CUIDAR DA VIDA **13**

da dominação masculina de um lugar de intelectual dominante, mas, sobretudo, pela aplicação de sua teoria a um objeto cujo desenvolvimento teórico já estava muito mais amplo do que o construído pelo seu *campo* analítico (Sintomer, 1999). Cabe ressaltar a consistente crítica contra sua pretensão de formular um caminho para o feminismo (e, diga-se de passagem, para outros movimentos sociais), desqualificando, em certo sentido, a trajetória política deste movimento (Fougeyrollas-Schewebel, 1993; Perrot, 1999; Corrêa, 1999; Bourdieu, 1999). A maioria dessas críticas está dirigida a sua última obra acadêmica, na qual retoma dois artigos publicados no começo dos anos 90, sobre a dominação masculina.[4]

Em contrapartida, conceitos gerais da Sociologia de Bourdieu foram e são utilizados frequentemente em estudos e pesquisas científicas de cunho feminista, particularmente os relacionados à explicação da dominação, poder e violência simbólica, ao trabalho e às condições de sua reprodução (Hirata & Le Doaré, 1998; Battagliola, 1999; Lurol, 1999), à noção de *habitus* e de campo (Gaddéa & Marry, 2000; Mathieu, 1999). No substrato dos textos deste livro, encontra-se a ideia bourdieusiana de que a Sociologia é uma "ciência que perturba", "que revela coisas ocultas" e que suas bases são consolidadas pela busca da raiz comum das teorias clássicas, não pela oposição simplista ou dogmática das correntes existentes (Bourdieu, 1980, p.19). Esta visão, por assim dizer subversiva da Sociologia, pode, também, ter contribuído para dar visibilidade ao campo de estudos de gênero, considerando o lugar não dominante que ele ocupa no *campo das lutas científicas.*

Mas cabe indagar como a abordagem feminista – utilizando os conceitos de gênero e/ou relações sociais de sexo –, ao enfatizar uma perspectiva relacional, transversal, histórica das desigualdades sexuais, rompendo com os determinismos biocategoriais, estaria

---

4 Estes artigos foram objeto de um seminário com o autor e as pesquisadoras feministas do GEDISST/CNRS, em 1995. Posteriormente, o autor realiza o livro, incluindo referências a algumas autoras clássicas da Sociologia feminista francesa e americana, como Kergoat, Hirata, Knibiehler, Perrot, MacKinnon, Rosaldo, Rubin (Bourdieu, 1998).

contribuindo para a construção de um conhecimento mais voltado para a "lógica da descoberta" (não cartesiano) do que para a "a lógica da prova" (cartesiano)? Ou, ainda, como estaria rompendo com a Ciência moderna em um movimento pela busca de novos paradigmas?

De acordo com Santos (1989), estamos em período de transitoriedade que corresponde à Ciência como um todo, que consiste na permanência e no rompimento com a epistemologia das Ciências modernas. Poderíamos supor que este é um fator que dificulta e torna ainda mais complexo o avanço da produção do conhecimento científico feminista nas Ciências Sociais. De fato, se, por um lado, o surgimento de novos conceitos nas Ciências Sociais vindos do feminismo provocou cortes epistemológicos importantes no conhecimento, por outro, a persistência do paradigma da modernidade nas Ciências Sociais foi sempre um obstáculo permanente para o desenvolvimento desses conceitos.

A segunda questão é relativa à história do feminismo, de suas fases e tipos de luta, na qual está subjacente o debate sobre duas abordagens históricas: uma linear, universalista; e a outra, particularista, descontínua, que não apresenta as ideias e os fatos históricos em limites precisos do tempo (Barret, 1999; Scott, 1998; Foucault, 1981). A análise sociológica não pode dispensar a História quando se trata, por exemplo, de entender as raízes do feminismo contemporâneo. Somente a História fornece elementos para compreender estas raízes e responder às indagações relacionadas com suas origens. Uma delas refere-se às lutas feministas de cunho igualitário dos séculos XVIII e XIX: estariam nessas lutas algumas sementes das lutas específicas que floresceram no feminismo contemporâneo?

Ao traçar o fio condutor da história do feminismo, pela reconstrução da luta das mulheres precursoras e de seus paradoxos, como Olympe de Gouges e Jeanne Deroin, Joan Scoot (1998) sugere a existência de um elo entre os diferentes tipos de luta. Mostrando como o feminismo nasceu impregnado pelo ideal republicano de igualdade e liberdade, a autora fornece-nos elementos para pensar que, apesar das primeiras feministas terem sofrido influências polí-

DAR A VIDA E CUIDAR DA VIDA 15

ticas diversas (liberalismo, socialismo utópico, anarquismo) e estarem mais voltadas para garantir espaço na tribuna, algumas questões relacionadas à vida privada (como constituição igualitária do casamento, questionamento do poder patriarcal na família, direito ao divórcio), que emergem com força total no feminismo contemporâneo, já preocupavam estas pioneiras. Entretanto, diante de um quadro de exclusão da vida pública em que se confrontavam as mulheres nos séculos XVIII e XIX, as questões da vida privada ficam pouco realçadas na história das lutas feministas. Scott (1998) ressalta que este fato é consequência de certo reducionismo, herdado do século XIX, na abordagem das feministas do passado: ou elas reivindicavam a igualdade ou a diferença, não deixando espaço para análises mais nuançadas.[5]

O feminismo tem sido delimitado por suas etapas históricas, e duas ou três grandes fases são comumente referidas: a fase universalista ou das lutas igualitárias, pela aquisição de direitos civis e políticos; a fase das lutas de afirmação das diferenças e da identidade, ou da mulher-sujeito e dos direitos específicos; e uma terceira fase, que algumas autoras denominam de pós-moderna (Collin, 1995). Esta última fase também poderia ser denominada de *relacional*, na qual mulheres e homens posicionam-se com suas respectivas identidades, tempos, situações políticas e sociais; nos quais os modelos universais de dominação são cada vez mais questionados e, no lugar deles, vão se construindo, lentamente, novos modelos baseados na multiplicidade dos sujeitos. Tais fases correspondem, grosso modo e respectivamente: aos séculos XVIII e XIX; à segunda metade e final do século XX até o início deste século. Embora possamos estabelecer esta relação temporal com períodos e lutas distintos, estas fases não são fixas e dependem da situação histórica e política de cada sociedade, o que nos leva a deduzir que

---

5 A abordagem histórica de Scott (1998) tem a vantagem de não opor dicotomicamente o feminismo igualitarista ao diferencialista, conforme ela declarou em entrevista à revista *Estudos Feministas* (1998) e no livro *La citoyenne paradoxale* (1998). Isto nos possibilita encontrar em suas análises elementos dos dois feminismos em um mesmo período.

16 LUCILA SCAVONE

a segmentação histórica não pode ser aplicada com rigor às diferentes realidades.[6]

As lutas pelos direitos, gerais ou específicos, fundamentadas no ideal de igualdade, são um bom exemplo disto, pois elas continuam, de diversas maneiras, sendo uma questão-chave do feminismo. No caso do Brasil, este fato é visível no contexto da História política recente do país: a instalação do Estado democrático continuou excluindo dos direitos sociais básicos parte significativa da população, mas, paradoxalmente, também abriu espaço para a inclusão da luta por direitos específicos, tornando-a, talvez por este motivo, muito pertinaz.

A luta pelos direitos sociais se associa à luta pelos direitos individuais e específicos, ou vice-versa. Assim, nos encontramos seguidamente circulando entre os diferentes períodos feministas assinalados e o conteúdo dos artigos aqui compilados mostra, de certa maneira, esta tendência.[7] Podemos dizer que o feminismo contemporâneo corresponde à segunda e à terceira fases, acima citadas, mas, em variados contextos, como é o caso do Brasil, ele não abandona o ideal das lutas igualitárias baseadas nos direitos de cidadania, o que também repercute nos trabalhos acadêmicos a ele relacionados.

A terceira questão em debate é decorrente da segunda e a ela está relacionada. Trata-se especificamente das fases e/ou correntes da crítica feminista sobre os caminhos do movimento, ou a luta pela

---

6 Por exemplo, segundo Goldeberg (1989), à época da ditadura militar no país constituiu-se um feminismo "bom para o Brasil", isto é, um feminismo que estava muito voltado para a luta pelas liberdades democráticas, ao mesmo tempo em que lutava pelos direitos das mulheres. Aliás, uma das marcas do feminismo latino-americano é esta associação das lutas pelos direitos gerais com as lutas pelos direitos específicos; das lutas pelos direitos universais com as lutas pelos direitos particulares; das lutas pelos direitos individuais com as lutas pelos direitos coletivos (Alvarez, 1997, p.247).

7 Referindo-se a Kristeva (1979), que determina três gerações do feminismo – igualitarista; especificidade e/ou diferença radical; multiplicidade de diferenças e alteridades –, Machado (1992, p.27) considera que na produção feminista e acadêmica brasileira "as propostas das três gerações corriam paralelas, sem que suas diferenças fossem também tão marcadas".

igualdade e/ou da diferença. Elas geraram numerosas análises em torno do significado e alcance destes conceitos na vida das mulheres e, sobretudo, das características e direções de suas lutas.

Com base no liberalismo democrático, a noção de *igualdade* pressupõe condições iguais de direitos e deveres para todos os cidadãos. A exclusão das mulheres dos direitos de cidadania, à época das revoluções democráticas do século XVIII, funda os paradoxos da igualdade em relação ao gênero. Segundo Varikas (2000, p.56):

> As antinomias da construção do gênero ao longo dos dois últimos séculos são as mesmas antinomias da concepção histórica da igualdade. Antinomia entre o "direito natural", que funda a sociedade política na igual liberdade de cada um de fazer tudo o que está em seu poder; e a "lei natural" que faz com que esta liberdade dependa de uma definição autoritária da natureza e de suas normas.[8]

Esta autora nos mostra justamente que na democracia histórica as mulheres são definidas pela lei natural e por isto se constituem em "grupo homogêneo à parte ... de natureza diferente que impõe direitos e deveres específicos" (Varikas, 1995, p.44). Comenta que, para reparar o erro da exclusão das mulheres, a democracia liberal busca incluir as diferenças nos princípios da universalidade dos direitos, não questionando a natureza do próprio sistema que as exclui. "Nos séculos XIX e XX, ao longo dos quais se desenvolvem nossos princípios e práticas da democracia, são as mulheres e os judeus que se tornam uma 'questão' e não a natureza do sistema que os exclui" (ibidem, p.45). Assim, o princípio de igualdade, tal como formulado na democracia histórica, apresenta às mulheres um dilema difícil: para serem cidadãs, elas devem se adaptar à norma masculina, "tornarem-se como os homens"; ou, então, serem incorporadas a estas normas pelas suas "diferenças", isto é, "como homens imperfeitos" (Varikas, 2000, p.56).[9]

Em contrapartida, *as teorias feministas da diferença* reafirmam a relação específica das mulheres com o mundo – "uma maneira de

---

8 Tradução livre.
9 Tradução livre.

18 LUCILA SCAVONE

agir, de pensar, de sentir que lhes é própria e que deve ser desenvolvida a este título" (Collin, 1995, p.8) – pela afirmação de uma identidade específica para além das determinações biologizantes. Estabelecer a *diferença* implica contestar a lógica masculina da dominação, presente, paradoxalmente, no ideário liberal de igualdade. Influenciado pela psicanálise lacaniana, da qual se "demarca criticamente", o diferencialismo admite a existência "dos dois sexos dentro da mesma humanidade: o acesso à igualdade não é o acesso à identidade" (Collin, 2000, p.31).[10] O fortalecimento da identidade feminina construiu-se com base em uma estratégia que passava pelo corpo e pela maternidade: tratava-se de fortalecer o poder das mulheres pelo resgate de uma história que as diferenciasse dos homens.

A fase e/ou corrente *diferencialista* fortaleceu os estudos sobre maternidade, contracepção, aborto, corpo, sexualidade e, também, os *estudos históricos* que contribuíram para o resgate da identidade feminina (Knibiehler & Fouquet, 1977; 1983). Nesse sentido, os textos aqui apresentados são, em diversas medidas, produtos de uma influência da corrente diferencialista – pela preocupação em afirmar as diferenças e a identidade feminina – à época em que foram produzidos.[11] Entretanto, eles não se esgotam nesta referência, pois utilizam análises e abordagens que se apoiam na perspectiva relacional que visa compreender histórica e socialmente a construção destas diferenças. Com isto, a análise situa-se, também, na terceira fase do feminismo, que, juntamente com a segunda fase, desemboca na proliferação dos estudos de gênero nas Ciências Sociais. Além disso, a lentidão na efetivação dos direitos de cidadania no Brasil fez

---

10 (Tradução livre.) Embora não seja uma expoente desta corrente, Collin (1995, 2000), que se inclui em uma linha de interpretação pós-moderna, faz uma análise muito pertinente do que considera as três grandes linhas do feminismo: universalista, diferencialista e pós-moderna.

11 Cabe ressaltar que, apesar de o essencialismo ser um dos desdobramentos da corrente diferencialista, trata-se de duas posições distintas: o essencialismo afirma a existência de uma essência universal feminina dada pela natureza; o diferencialismo reafirma as diferenças naturais entre os sexos, mas não as reduz à determinação supra-histórica.

DAR A VIDA E CUIDAR DA VIDA **19**

que as pesquisas resultantes destes textos não se afastassem, também, dessa dimensão do problema.

No substrato da questão da diferença e igualdade, há um tema que perpassa os textos aqui selecionados: a maternidade. Os estudos e as pesquisas feministas sobre a maternidade deram maior visibilidade à afirmação das diferenças e da igualdade entre homens e mulheres, pois mostraram que ela é um fenômeno situado entre o biológico e o social.

O valor atribuído à maternidade da metade do século XVIII até os nossos dias e sua determinação social originaram muitas questões de ordem pública e privada: vida familiar, trabalho, saúde, políticas públicas. Alguns estudos históricos sobre maternidade mostram a construção de um saber produzido na experiência cotidiana das mulheres mães (Knibiehler & Fouquet, 1997; 1983), como também a permanência de um trabalho não reconhecido (Daune-Richard & Devreux, 1992). Três artigos deste livro centram-se diretamente no tema, resgatando, respectivamente, a relação da maternidade com a saúde e com um saber construído pelas mulheres, ou ainda, mostrando os dilemas contemporâneos do fenômeno: "Dar a vida e cuidar da vida: sobre maternidade e saúde"; "As múltiplas faces da maternidade"; "Maternidade: transformações na família e nas relações de gênero".

Além disso, a questão da maternidade traz consigo o debate sobre a possibilidade de sua recusa e de sua negação: a contracepção e o aborto, colocando em pauta a problemática das tecnologias reprodutivas. Com o incremento das tecnologias, a maternidade abriu-se para um novo campo de possibilidades, mostrando não só suas determinações biológicas e sociais tradicionais, como sua relação com os direitos e deveres. A maternidade passa, contemporaneamente, pelo acesso à contracepção, ao aborto e às novas tecnologias conceptivas. Os artigos "Tecnologias reprodutivas: novas escolhas, antigos conflitos"; "Impactos das tecnologias médicas na família" e "O aborto pelas lentes da Sociologia" tratam deste assunto.

A questão da maternidade como direito ou dever das mulheres é de uma atualidade sem fim. Se a maternidade foi – ou é – um dever, as mulheres modernas aderiram à contracepção para planejá-la. A possibilidade de controlá-la abrandou para as mulheres a ideia do dever de ser mãe. Por sua vez, com o novo padrão de proles pequenas, o uso da contracepção – direito conquistado – passou a ser outro dever, especialmente para as mulheres dos países do sul. Da mesma forma que a utilização das tecnologias conceptivas, para as mulheres estéreis, ela foi defendida como direito por uma corrente do feminismo, ao passo que, para outra corrente, foi considerada dever de procriar. Portanto, a questão dos direitos reprodutivos mereceu discussão mais aprofundada em um dos artigos selecionados: "Direitos reprodutivos, políticas de saúde e gênero", ressaltando as evidências e os paradoxos desses direitos.

Para além da especificidade dos temas abordados, está o contexto mais amplo da sociedade brasileira, que será sempre analisado pela metade se as Ciências Sociais não assumirem a questão de gênero como um dos elementos imprescindíveis para a compreensão da complexidade dos fenômenos sociais.

Finalmente, cabe lembrar que estes textos compuseram a tese de livre-docência que defendi, em julho de 2001, na Faculdade de Ciências e Letras da UNESP de Araraquara.[12] Agradeço a todos e a todas que contribuíram para a realização deste livro: interlocutores(as), atores/atrizes, amigos(as) do mundo das ideias e da experiência; do mundo real e virtual; do mundo do convívio e da afetividade.

Lucila Scavone

---

12 Neste livro, não foram incluídos dois textos da tese, por abordarem outro campo de minhas pesquisas de gênero.

1
A EMERGÊNCIA DAS QUESTÕES FEMINISTAS NAS CIÊNCIAS SOCIAIS[1]

> ... em condições de aceleração da história como as que hoje vivemos, é possível pôr a realidade no seu lugar sem correr o risco de criar conceitos e teorias fora do lugar? (Santos, 1994, p.24)

As Ciências Sociais – europeias ou americanas, mais recentemente as brasileiras – vêm realizando, nas últimas três décadas, pesquisas e estudos sobre a situação social das mulheres, que resultaram em ampla e diversificada produção temática, conceitual e analítica. A emergência deste campo do saber coincide com as mudanças advindas na produção do conhecimento científico do final dos anos 60 em diante, embora já encontremos nos meados dos anos 40 trabalhos pioneiros sobre o assunto.[2] A partir dos anos 80, esses trabalhos começaram a ficar conhecidos como estudos das mulheres (*wo-*

---

1 Este capítulo teve origem em um texto publicado em 1996, com o título "Recursos conceituais: feminismo e Ciências Sociais", in: Scavone, L. (org.) *Tecnologias reprodutivas: gênero e ciência*. São Paulo: Editora UNESP, 1996. Todas as citações dos livros franceses deste capítulo foram traduzidas livremente.

2 Entre eles, podemos citar Margareth Mead (1948); Madeleine Guilbert (1946) e, especialmente, Beauvoir (1977, primeira edição 1949). No Brasil, na década de 1960, temos os trabalhos precursores de Saffioti (1969) e Blay (1968, 1972).

men's studies) e estudos de gênero (*gender studies*), principalmente nos meios acadêmicos com maior influência americana. Nos países francófonos, ficaram conhecidos como estudos sobre as relações sociais de sexo.

As diversas nomenclaturas destes estudos refletem as diferentes abordagens teóricas dadas ao tema e o percurso que empreenderam as pesquisas e a reflexão das Ciências Sociais neste campo, as quais acompanharam as lutas políticas do feminismo contemporâneo. Lembremos que o desenrolar dessas lutas deu lugar a um amplo debate, concretizado institucionalmente em 1975, com a declaração pela ONU do Ano Internacional da Mulher.[3]

Os estudos e as pesquisas de gênero/relações sociais de sexo se caracterizam pelo fato de terem sido (e continuarem sendo) produzidos, majoritariamente, pelas próprias mulheres. Além da explicação política pressupondo que o sujeito oprimido busque entender a causa de sua opressão, este fato sugere uma relação entre feminismo e Ciências Sociais. Isto porque muitas cientistas sociais que trabalham (ou trabalharam) com as questões geradas pelas desigualdades sexuais estão (ou estiveram) próximas do feminismo, por alguma espécie de *afinidade eletiva*. Algumas estabelecem (ou estabeleceram) contato pela participação política direta no movimento feminista, outras pela produção teórica dele.[4] Quanto às cientistas que não se incluem em nenhum destes dois grupos, pode-se dizer que tiveram – ou têm – a influência indireta da produção deste movimento pela visibilidade que ele propiciou à problemática das mulheres e pela utilização que fazem das categorias de análise feministas.

De fato, a maioria dos conceitos que tratam da situação social das mulheres, como sexismo, androcentrismo, patriarcado, gênero, re-

---

3 Bruschini & Sarti (1985) consideram que este foi um "marco histórico" do feminismo e da pesquisa sobre mulheres no Brasil.

4 A militância confrontada com a prática científica é uma relação complexa. Se, por um lado, ela é estimulante e enriquecedora, por outro encontra seus limites nas diferenças dos "campos" em questão. Fraisse (1991) alerta para os limites que podem advir da junção das convicções pessoais com a análise teórica, se as primeiras tornam-se pressupostos e não elementos da segunda.

DAR A VIDA E CUIDAR DA VIDA 23

lações sociais de sexo, saúde reprodutiva, direitos reprodutivos, entre outros, teve sua origem na trajetória política do movimento feminista, em sua necessidade de descrever, denunciar e analisar as causas das desigualdades sexuais. Muitos deles se originaram da crítica às explicações científicas de cunho positivista (sejam das Ciências Sociais ou biológicas) que consideram as desigualdades sexuais determinadas pelas diferenças biológicas. Se alguns desses conceitos tomaram uma dimensão mais política que propriamente científica, outros foram absorvidos e reconhecidos como categorias analíticas legítimas das Ciências Sociais, rompendo com os limites do gueto teórico.[5]

Guardadas as diferenças teóricas entre as cientistas sociais, está em jogo uma questão política de fundo que pode revelar o caráter peculiar e contraditório dessa produção: as pesquisadoras e estudiosas, sem comprometimento político com o feminismo – e, às vezes, críticas desse movimento –, ao levarem em frente pesquisas de gênero, contribuem para dar visibilidade e legitimar as ideias feministas, introduzindo-as no âmbito da academia e no corpo teórico das Ciências Sociais, especialmente na Sociologia, na Antropologia e na História.

Do ponto de vista político, toda esta situação aponta para a influência de um movimento social no processo de produção do conhecimento científico e vice-versa.[6] Cabe lembrar que este processo não pode ser analisado isoladamente, pois se desenvolveu no con-

---

5 Lobo (1989, p.84) chamou a atenção para os perigos dos estudos de gênero se constituírem em um "campo teórico à parte", desenvolvendo-se em uma espécie de gueto. Lembra que se a construção de gênero implica relações de poder "que atravessam o tecido social, este não pode ser um campo à parte no contexto das relações sociais". Entretanto, nos últimos anos o que ocorreu, pelo menos no caso das Ciências Sociais no Brasil, foi a expansão das questões de gênero para outras áreas, havendo certa retração do "gueto teórico", o que em parte, também, prejudicou o avanço das teorias.

6 Este fenômeno não é inédito nas Ciências Sociais, já que muitas de suas teorias estão associadas às transformações políticas e sociais do período em que foram geradas. Os conceitos de classe social, racismo, colonialismo, também emergiram de lutas sociais concretas nos séculos XIX e XX.

24 LUCILA SCAVONE

texto de uma mudança mais ampla, fruto das transformações sociais contemporâneas que colocaram em cena outros atores políticos e sociais, introduzindo nas ciências novos objetos de estudo e teorias explicativas. Na década de 1960, emergem com mais força, na Europa e nos Estados Unidos, os movimentos sociais minoritários, que se aglutinaram em torno de causas específicas.[7] Além do movimento feminista, foi o período em que eclodiram os movimentos ecologistas, antirracistas, homossexuais, enquanto

> no plano acadêmico, filósofos franceses pós-estruturalistas como Foucault, Deleuze, Barthes, Derrida e Kristeva intensificam a discussão sobre a crise e o descentramento da noção de sujeito, introduzindo, como temas centrais do debate acadêmico, as ideias de marginalidade, alteridade e diferença. (Buarque de Hollanda, 1994, p.8-9)

No bojo destas mudanças, a polêmica sobre a crise dos paradigmas das ciências se intensificou, trazendo à tona o debate da transição paradigmática e da desdogmatização da ciência, fundamentado na crítica à racionalidade científica. E é justamente à teoria feminista que

> devem ser creditadas algumas das críticas mais radicais e consistentes à concepção estreita de racionalidade que subjaz ao paradigma da modernidade, não sendo, de resto, incomum a associação explícita entre feminismo e pós-modernismo. (Santos, 1989, p.119)

A emergência das questões feministas nas Ciências Sociais deve ser compreendida no âmbito dessa complexa transição que a sociedade e a ciência moderna estavam, e ainda estão, passando.

Estas considerações pressupõem que não foi por acaso, nem por modismo acadêmico, que os estudos e as pesquisas de gênero se desenvolveram nas Ciências Sociais. Se tal produção teórica está contextualizada em um movimento científico mais amplo, seu substrato

---

7 O minoritário não implicava minoria quantitativa, como não é o caso das mulheres – mais da metade da humanidade –, mas minoria aglutinada em torno de uma causa específica, com uma identidade própria, que se distingue da identidade do grupo dominante.

DAR A VIDA E CUIDAR DA VIDA 25

funda-se na história das lutas feministas, as quais, ao longo de mais de dois séculos, propiciaram visibilidade às desigualdades sexuais, políticas, sociais e econômicas. Interessa-nos ressaltar que as ideias defendidas por estas lutas criaram condições para a eclosão do feminismo contemporâneo, o qual deu lugar a uma teoria crítica feminista que influenciou e incrementou estudos e pesquisas científicas e/ou militantes sobre as relações sociais de sexo/gênero na academia ou fora dela.

Não podemos esquecer, também, que este feminismo se contextualiza com a emergência da sociedade urbano-industrial moderna no começo do século XX, marcada pela entrada das mulheres no mercado de trabalho, que se ampliou progressivamente no decorrer do século. As mulheres passaram a ter dupla jornada de trabalho – doméstica e extradoméstica – e, com isto, a nova responsabilidade de conciliar vida profissional com vida familiar. Outro fator importante, neste contexto, foi o advento da contracepção medicalizada e segura nos anos 60, dando possibilidade às mulheres de, cada vez mais, escolher a maternidade. Se este contexto abriu mais possibilidades de igualdade, também trouxe novos problemas, apontados pelo feminismo.

Uma breve análise da trajetória histórica das lutas feministas mostra que, inicialmente, elas reivindicavam a participação das mulheres no espaço público – fase das lutas igualitárias – e avançaram pelas questões que as afligiam no espaço privado – fase das lutas pelos direitos específicos, ou da afirmação das diferenças.

Das lutas pela cidadania à politização do privado

As primeiras reivindicações feministas podem ser localizadas no período de irrupção das revoluções democráticas do final do século XVIII, no qual se destaca a Declaração dos Direitos da Mulher e da Cidadã, redigida por Olympe de Gouges em 1791, contestando a exclusão das mulheres dos direitos universais proclamados pela Revolução Francesa de 1789. Varikas (1995, p.44) observa que, com esta Declaração, Olympe de Gouges "inaugurava uma tradição crítica que mostrava não somente o lugar problemático das mulheres na democracia histórica, mas também a própria natureza desta democracia". O livro da inglesa Mary Wollstonecraft, *Vindication of the Rights of Woman*, escrito em 1792, também representa as reivindicações e elaborações das mulheres diante das contradições do ideal democrático igualitário nascente, o qual excluía dos direitos de cidadania não só as mulheres, mas também os negros e os judeus (Varikas, 1993).

A Revolução Francesa de 1789

> fundou a exclusão das mulheres da política e preparou o terreno para o Código Civil, que encarcerou as mulheres casadas na esfera privada, tornando-as menores perpétuas. Entretanto, ela obrigou a pensar a cidadania e sua potencialidade em relação a todos e todas. (Rippa, 1999, p.29)

Uma célebre frase de Olympe de Gouges: "a mulher tem o direito de subir ao cadafalso; ela deve ter igualmente o de subir à tribuna", evidencia o caráter legalista do feminismo nascente. Ela demonstra como a luta feminista foi marcada, desde seu início, pelo ideal democrático-liberal da conquista dos direitos. Para Scott (1998, p.84), a afirmação de De Gouges deveria ser considerada uma máxima política, pois "prefigura a sorte crônica do feminismo: nascido da República, ele foi reiteradamente condenado à morte por esta mesma República", aludindo-se à sorte de Olympe de Gouges e de outras feministas que, por suas ideias, foram condenadas à morte.

Se o feminismo no século XIX continua a luta pela aquisição dos direitos políticos e civis das mulheres, ele traz, também, com as socialistas utópicas, uma conjunção das ideias feministas com o ideal de uma sociedade igualitária. No período da Revolução de 1848, Jeanne Deroin "se considera herdeira da batalha levada por Olympe de Gouges pelos direitos das mulheres", apesar de suas radicais diferenças políticas: a primeira, influenciada pelas ideias dos socialistas utópicos Saint-Simon e Fourier, e, a segunda, por ideias monarquistas (Scott, 1998, p.87). Mas o fato de Olympe de Gouges ter dado sua vida pela causa da emancipação das mulheres fez que o traço de união entre elas fosse a luta feminista.

A reivindicação pelo direito ao voto feminino, em 1848, refere-se ainda à do direito ao trabalho, o qual significava, nos ideais revolucionários, a possibilidade de trabalhar e viver decentemente com os frutos daquele. Alguns dos Clubes de Mulheres, que se formavam neste período, exigiam maior participação dos homens nas tarefas de casa, discutiam o divórcio e outras questões relacionadas ao espaço privado, sem contudo politizá-lo. Já se encontrava nestes debates e no pensamento de algumas feministas do período, como Jeanne Deroin, um prenúncio das ideias libertárias que marcaram o feminismo do século XX, tais como as relacionadas à questão social da maternidade e ao divórcio. De fato, os desdobramentos destas questões foram radicalizados, posteriormente, pelo feminismo contemporâneo por forte influência das ideias anarquistas, especialmente no que tange às questões da vida privada, por exemplo as relacionadas à sexualidade (Rago, 1991; 1996).

Mas a luta feminista do século XIX esteve especialmente centrada nos direitos elementares de cidadania: direito à educação; ao trabalho, com maior ênfase no direito ao voto.[8] A obtenção deste direito data do século XX (com exceção da Nova Zelândia que, em 1889, foi o primeiro país a conceder o direito ao voto para as mulheres): Estados Unidos, 1920; Inglaterra, 1928; Brasil, 1932; França e Bélgica, 1948; Suíça, 1977, entre outros países.

A conquista tardia deste direito elementar de cidadania dimensiona a lentidão com a qual as mulheres foram integradas nas democracias liberais e também ajuda-nos a compreender o quão longa e complexa foi – e ainda é – a luta feminista em todos os seus matizes.

---

8 Apesar de as militantes pelo direito ao voto feminino – as *suffragettes* – terem centrado suas lutas pela aquisição deste direito, elas também estavam envolvidas com outras questões relacionadas à situação social das mulheres (Rippa, 1999). Por outro lado, a luta pelos direitos marcou o feminismo em todas as suas fases, evidenciando sua herança iluminista.

No final da primeira metade do século XX, em 1949, Simone de Beauvoir, filósofa e escritora francesa, publica *O segundo sexo*, obra contundente que provoca escândalo e adesões, e cujas principais ideias fundamentaram e desencadearam as lutas feministas hodiernas. Podemos considerar que sua obra lançou as matrizes teóricas do feminismo contemporâneo; "contestando todo determinismo biológico ou destino divino, retoma a perspectiva hegeliana afirmando que 'ser é tornar-se'" (Chaperon, 2000, p.152), resultando em sua célebre ideia de que não se nasce mulher, mas torna-se mulher (Beauvoir, 1977, v.II, p.185).

Questionando a função da maternidade no contexto do pós--guerra, em que as forças conservadoras defendiam a família, a moral e os bons costumes, as teses deste livro sobre liberdade sexual, liberação da prática da contracepção e do aborto, podem ser consideradas um marco da passagem do feminismo igualitarista para a fase do feminismo centrado na mulher-sujeito (Chaperon, 2000, p.198), dando os elementos necessários para a politização das questões privadas.

A eclosão desta nova fase feminista ocorreu maciçamente no final dos anos 60, especialmente no contexto europeu pós-68, e foi a partir daí que o campo de investigação científico sobre as mulheres começou a se abrir. Segundo Guillaumin (1982, p.28), "tornar-se um objeto na teoria foi a consequência necessária de tornar-se um sujeito na História". Isto ocorreu graças ao movimento feminista e às mudanças na situação social das mulheres (maior participação no mercado de trabalho, na educação, na vida pública; possibilidade de planejamento seguro da prole, entre outros) e das contradições daí advindas. Além disso, pese-se o fato de já existir uma significativa história de lutas e conquistas alcançadas.

Conforme já assinalamos, este feminismo eclodiu num momento em que existiam condições para a abertura de um inédito campo de estudos, que foi se consolidando paralelamente aos avanços do próprio movimento. Com efeito, neste período, eclode um novo sopro do feminismo que, tanto na Europa como nos Estados Unidos, aglutina-se em torno de uma postura libertária e aborda a relação desigual entre os sexos por um prisma até então praticamente inexplorado.

Assim, formula-se um questionamento mais profundo das relações entre homens e mulheres não só no espaço público, mas, sobretudo, no espaço privado. Nesse período, intensifica-se a luta pelo amplo acesso à contracepção (iniciada na França em meados dos anos 50 pelo *Planning Familial*) e pela liberação do aborto, apoiada na reivindicação pela livre escolha da maternidade e pela separação efetiva da sexualidade com a reprodução. Formam-se, no interior deste movimento, grupos de reflexão que privilegiam a discussão destas questões e outras delas decorrentes: o significado da maternidade, a relação conjugal no espaço doméstico, a violência contra as mulheres. O número especial da revista *Partisans*, de julho de 1970, com o título de *Libération des Femmes/Année Zéro*, cujos textos foram produzidos por feministas francesas e americanas, é uma espécie de manifesto desse ideário, lapidado no princípio que se tornou uma marca universal dessa nova onda feminista: "o pessoal é também político" (Hanish, 1970).

Observou-se, nesse novo impulso feminista, uma vocação política autônoma e libertária. A expressão radical dessa vocação, rompendo com a tradição do feminismo liberal voltado para a conquista dos direitos civis e políticos, "contrapôs ao discurso igualitário o da individuação, diferença e singularidade, ao tema da emancipação o da autonomia, ao ativismo dos grupos militantes tradicionais, os coletivos de autoconsciência" (Goldeberg, 1989).[9]

Este feminismo, reunindo várias tendências teóricas que se diferenciavam e divergiam entre si, possibilitou-nos trata-lo no plural e contrariar a ideia de que ele fosse uma "totalidade isenta de deba-

---

9 É bom lembrar que os efeitos dessa nova fase do feminismo (como também dos outros movimentos sociais minoritários) aconteceram mais tardiamente no Brasil, já no final do regime militar (final dos anos 70) e tomaram características próprias, relacionadas com as especificidades culturais, políticas, econômicas e sociais do país. A volta das exiladas políticas, que tinham vivido a experiência feminista europeia, contribuiu para impulsionar o novo rumo do feminismo no Brasil (ver Goldeberg, 1989; Moraes, 1990).

tes".[10] As numerosas influências teórico-políticas do feminismo deram prova de sua diversidade: marxista, anarquista, estruturalista, liberal, católica, radical, ecológica. O que permaneceu como consenso político entre essas diversas correntes feministas contemporâneas foi o fato de contestarem "o caráter irreversível da subordinação feminina, conjuntamente nos planos teórico, político e prático" (Ferrand & Langevin, 1990).

Considerar as questões pessoais como questões políticas foi – e é – um dos grandes avanços e contribuições do feminismo contemporâneo à análise das relações sociais, pois este princípio evidenciou que as desigualdades entre os sexos só poderiam ser compreendidas (e superadas) se fossem, também, consideradas as relações de dominação e poderes que se constroem no espaço privado.

Os caminhos da Sociologia e a crítica feminista

Nas Ciências Sociais e, particularmente, na Sociologia, os textos feministas dos anos 70 estabeleceram rupturas epistemológicas decisivas. Combes et al. (1991a, p.62) mostram como este novo conhecimento provocou reações adversas nos meios científicos, que costumavam explicar as desigualdades sexuais pelo determinismo biológico.

> a negação do naturalismo e a afirmação do caráter inteiramente social da opressão das mulheres fazem parte hoje das aquisições teóricas ... a tal ponto que poderia parecer banal lembrarmos hoje essas correlações, se não guardássemos na memória a hostilidade e a incompreensão que elas encontraram mesmo nos meios da pesquisa sociológica, nos quais a tentação naturalista, em se tratando dos sexos, foi e permanece vivaz.

A oposição entre natureza e cultura foi um dos elementos constitutivos das teorias socioantropológicas não feministas que analisaram a situação social das mulheres. Esta lógica dicotômica integra as

---

10 Crítica de Fougeyrollas-Schewebel (1993) à forma como Bourdieu (1990) se referiu ao feminismo.

DAR A VIDA E CUIDAR DA VIDA 31

oposições binárias do pensamento moderno: razão e paixões ou emoções; objetividade e subjetividade; mente e corpo; abstrato e concreto; em referência à definição da feminilidade e masculinidade.[11]

A identificação das mulheres como mais próximas da natureza, pela própria especificidade da fisiologia do corpo feminino e de sua função biológica de procriação, foi considerada um ponto de partida nas análises da Sociologia tradicional, assim como a identificação dos homens com a cultura que os libertaria para assumir os esquemas públicos. Harding (1993) analisa como é complexo para o feminismo contemporâneo derrubar pura e simplesmente esta identificação, pois ao mesmo tempo em que tem uma postura política de negar o determinismo biológico sexual, reafirma a defesa de determinadas diferenças de base biológica que implicariam prejuízos sociais às mulheres.[12]

Os primeiros conceitos sociológicos que trataram o *caso das mulheres* como categoria científica consideraram as identificações apontadas. Segundo Combes et al. (1991a), a obra de Sullerot (1973, 1978), na França, analisando o trabalho feminino e o fato feminino, segue a linha biodeterminista, buscando a origem deste fato na biologia, para depois estabelecer outros determinismos do tipo socioculturais. "Na Sociologia francesa dessa época o sexo é uma variável, como a idade, a profissão; mas curiosamente uma variável com um só valor, pois o masculino é identificado ao caso geral" (Devreux, 1986).

Neste quadro, Guillaumin (1982) mostra como o conceito de condição feminina, tão utilizado pelas cientistas sociais (até feministas) nos anos 70, aparece como um estado generalizado para to-

---

11 A teoria feminista contemporânea buscou utilizar uma lógica não dicotômica, que ultrapassasse as oposições binárias, enveredando pelo campo das relações (Scoot, 1990; Kergoat, 1996).

12 "A estrutura do corpo da mulher é diferente da estrutura do corpo do homem. Queremos, portanto, conhecer as implicações dessa configuração corpórea diversa sobre as relações sociais e a vida intelectual." A questão que se evidencia é: "Como poderemos escolher entre defender o reconhecimento de nossas diferenças biológicas pelo poder público e sustentar que a biologia não é uma fatalidade nem para os homens nem para as mulheres?" (Harding, 1993).

das as mulheres, marcado pela natureza, pelas características bioló-gicas dos sexos:

> condição designava um estado e não uma relação. Era uma maneira de descrever a dependência pessoal, sem analisá-la: tomando-a como um dado de fato ... a dependência era bem conhecida e mesmo dita, mas a realidade estava mascarada, pois ela não aparecia como relação (com os homens).

Combes et al. (1991a) mostram que aqueles trabalhos também se apoiavam na teoria dos papéis, vinda da Sociologia funcionalista americana, cujas análises se faziam em torno de conceitos tais como: *status*, modelo, normas. A teoria sociológica parsoniana atribuiu à mulher papel expressivo na família (cuja vida afetiva ela exprimiria melhor) e, ao homem, papel instrumental (de ligação à sociedade e de provedor dos bens da família), pensando os dois sexos em relação de complementaridade. Se esta divisão de papéis continuava se baseando nas diferenças biológicas entre os sexos, ela teve a vantagem de substituir a monocategorização do sexo por uma bicategorização homem/mulher, recorrendo à ideia de conflitos de papéis: "Mostraram a necessidade de uma comparação homens–mulheres, por uma perspectiva naturalista, mas na qual o fato novo e positivo é a consideração de duas categorias de sexo" (ibidem, p.61).

Embora as teorias sociológicas da época buscassem interpretações das desigualdades entre os sexos também fora da explicação biológica, considerando a existência de outros determinismos do tipo sociocultural, o biológico acabava sendo o determinismo de base. A teoria feminista elaborou várias críticas a essas determinações biologizantes, mas nem sempre conseguiu desvincular-se completamente delas, pelas mais diversas e contraditórias razões.

Ao conceito de condição feminina contrapôs-se o conceito de inspiração marxista de opressão das mulheres, e também o conceito de patriarcado, que procurava situar as mulheres em uma relação social específica, ou de um sistema patriarcal. O conceito de opressão das mulheres partia de antagonismos reais, isto é, de base mate-

DAR A VIDA E CUIDAR DA VIDA   **33**

rial e da necessidade de desenvolver uma consciência crítica para imprimir conotação política à situação social das mulheres. Já o conceito de patriarcado supunha uma mesma base de dominação, a dos homens, na constituição de todas as sociedades (Delphy, 1979, 1981; Hartmann, 1978). Scott (1990) mostra como as feministas marxistas consideravam o patriarcado e o capitalismo "como dois sistemas separados, mas em interação, a causalidade econômica torna-se prioritária e o patriarcado está sempre se desenvolvendo e mudando em função das relações de produção" e, com isto, fundamentavam as desigualdades sexuais com base nas determinações econômicas.

Buscando desvincular-se do determinismo biologizante, esses conceitos tendiam, entretanto, a caracterizar as desigualdades sexuais por uma fórmula única e universal. Lobo (1992) aponta que: "A formulação do patriarcado, mesmo relativizada pelas diferenciações históricas, permanece no quadro das referências a uma estrutura determinante, fundada nas bases materiais". Sugerindo uma causalidade totalizante das desigualdades sexuais, esta fórmula também estava suscetível a vieses do determinismo naturalista: a suposta causa econômica estaria também apoiada nas diferenças biológicas.

Guillaumin (1982)[13] analisa como a naturalização de grupos sociais, por características como raça ou sexo, podem servir para justificar o racismo e o sexismo. O conceito de *sexismo* foi muito utilizado pela teoria feminista para designar uma espécie de *racismo sexual* (Michel, 1975), criticando, ao mesmo tempo, as teorias racistas de fundo biologizante. Ele foi também a expressão de uma tendência política radical do feminismo, que postulava a separação entre os sexos. Por outro lado, este conceito seria uma variante do conceito de *machismo*, o qual, segundo Garcia-Guadilla (1978), é uma herança ibérica que consistiria na valorização dos homens, seja de aspectos morais (como a honra) seja de aspectos físicos (como a força e a viri-

---

13 Os artigos deste livro de Guillaumin relativos à discussão da ideia de natureza foram publicados pela primeira vez nos anos 70, na revista *Questions Féministes*.

34 LUCILA SCAVONE

lidade) aos quais corresponderia um comportamento submisso e complementar nas mulheres (fidelidade, pureza, fraqueza).

Os movimentos de afirmação do caráter político e social da opressão das mulheres (Delphy, 1979), presentes no feminismo dos anos 70, contribuíram para construir uma crítica às categorias conceituais de cunho biologizante, até então utilizadas pelas Ciências Sociais na análise das desigualdades sexuais. Paralelamente, a discussão das questões relacionadas à sexualidade e à subjetividade, reforçadas pelo recurso à teoria psicanalítica lacaniana, sobretudo entre as feministas francesas, colaborava para construir uma teoria feminista interessada no processo de criação da identidade de um *sujeito* sexuado, postulando, na prática, uma oposição antagônica entre os sexos (Kristeva, 1979).

Penetrar neste riquíssimo universo de debates teóricos e políticos faz ressaltar as contradições e dificuldades que as precursoras na Sociologia e no feminismo encontraram na busca de instrumentos de análise para as desigualdades sexuais. Na verdade, este trajeto traduz o que Harding (1993) chamou de instabilidade das categorias analíticas da teoria feminista, justamente pelo fato de esta ter se empenhado para ampliar e reinterpretar as categorias de diferentes discursos teóricos, procurando dar visibilidade às atividades e às relações das mulheres no plano teórico, prático e político. A crítica feminista, apoiando-se nas teorias já existentes (marxismo, anarquismo, compreensivismo, pós-estruturalismo, psicanálise...), reinterpretou-as, criando seus próprios pressupostos teóricos/empíricos e uma diversidade de categorias conceituais.[14]

---

14 Introduzindo a psicanálise no quadro teórico do feminismo, Juliet Mitchell (1975), por exemplo, foi uma das teóricas feministas que buscou articular dialeticamente essas duas esferas, incluindo na esfera reprodutiva a importância da dimensão afetiva e sexual para o entendimento da situação social das mulheres. Segundo Moraes (2000), as referências do marxismo e da psicanálise deram os fundamentos da teoria e da luta do feminismo dos anos 70. Cabe acrescentar, também, o papel do anarquismo no ideário feminista contemporâneo (Rago, 1996).

Ressaltando o lado *criativo* deste empenho, Harding (1993) apontou igualmente para os riscos de a teoria feminista cair no mesmo erro das teorias que reinterpretou, isto é, apresentar os problemas de um determinado grupo de mulheres como problemas de toda a humanidade, equivocando-se por meio de um viés universalista. A crítica ao pretenso universalismo de determinadas categorias analíticas feministas encontrou seu contraponto na afirmação das diferenças e da alteridade.

Desembocamos, então, em um novo momento, no qual a diversidade, o relacional, a multiplicidade são cada vez mais recorrentes na discussão teórica e tendem a se afirmar como categorias analíticas. A necessidade de a crítica feminista resolver as determinações naturalistas e o essencialismo totalizante coincidiu, contraditoriamente, com uma prática militante mais institucionalizada, cujo auge ocorreu nos anos 90, até mesmo com as grandes Conferências Mundiais e, ainda, com a consolidação dos novos conceitos que buscaram dar conta da complexidade da situação social das mulheres contemporâneas.

Novos rumos e análises: rompendo com as dicotomias

A prática política do feminismo foi caminhando dos grupos espontâneos de autoconsciência dos anos 70, na Europa, e começo dos anos 80 no Brasil, para uma organização mais institucionalizada. Isto ocorreu de formas peculiares e em épocas diferentes em cada região.

Instâncias governamentais foram criadas e as ideias feministas se consolidaram mais nas sociedades, por meio não só das conquistas de novos direitos para as mulheres, mas de uma relação mais igualitária entre os sexos, evidenciando uma influência incontestável do feminismo no conjunto das transformações pelas quais passaram as sociedades industrializadas modernas, sejam elas do hemisfério norte ou sul. Vale dizer que o caráter de tais mudanças não é ge-

36 LUCILA SCAVONE

neralizável, nem universal, variando de acordo com situações culturais, sociais, econômicas específicas.[15]

Os grupos autônomos transformaram-se em organizações não governamentais, principalmente nos países do sul, como o Brasil, atuando histórica e especialmente nas áreas da saúde e violência contra as mulheres. Na academia, formaram-se grupos de estudos e pesquisas que buscavam uma compreensão científica à questão feminista que se demarcava nos espaços mistos, na esteira das ações do próprio feminismo dos anos 70, que estabeleceu uma ruptura com o movimento político misto (Fougeyrollas-Schewebel, 1993).[16]

Costa (1994) lembra-nos que:

> No Brasil, a emergência de uma problemática relativa à mulher foi influenciada não só pela existência de um movimento de liberação das mulheres nos países centrais, espécie de parâmetro simbólico e longínquo, mas também, e sobretudo, por um ativo movimento local de mulheres. (p.403)

> ... Sob o impacto da mobilização feminista, assiste-se à emergência do tema para o olhar científico. Os estudos pioneiros concentraram seus esforços em dar visibilidade à mulher, em recuperar sua presença na História e, no mundo social, em apontar o androcentrismo como um ví-

---

15 Giddens (1991) menciona o fato de o feminismo ter questionado elementos constitutivos das relações entre os sexos. Mas lembra, também, que "alguns dos fenômenos mais aprofundados com os quais o feminismo se preocupa não foram criados na modernidade; eles são encontrados, de uma forma ou de outra, em todas as formas conhecidas de ordem social" (p.161).

16 Foram criados muitos núcleos de pesquisas e estudos de gênero nas universidades brasileiras, geralmente mantidos por especialistas das áreas de Ciências Humanas e Sociais. Entretanto, conforme Costa & Sardenberg (1994), nem sempre tiveram condições infraestruturais de atuação continuada. Cabe lembrar o interesse de algumas agências de fomento nessa área de estudos no país, destacando-se os Concursos de Pesquisa sobre Mulher, organizados pela Fundação Carlos Chagas/Fundação Ford e iniciados em 1978, que muito incentivaram esta produção no Brasil. Em 1990, outra série de concursos para incentivar pesquisas na área da saúde reprodutiva na América Latina e no Caribe foi organizada nesta mesma fundação com apoio da Fundação MacArthur (Costa, 1994).

DAR A VIDA E CUIDAR DA VIDA **37**

cio para o conhecimento científico, em legitimar o novo campo de estudos. (p.404)

Se muitos dos problemas discutidos nos anos 70 se mantiveram, porém com roupagens mais modernas, nos anos 90 novos problemas surgiram com o processo de transformação e complexidade das sociedades contemporâneas. Um dos fatos mais evidentes, ligado a essas mudanças, é que as abordagens teóricas e conceituais sobre as desigualdades sexuais também se modificaram e se tornaram complexas no mesmo ritmo.

A situação social das mulheres passou a ser pensada relacionalmente – como relações sociais de sexo ou de gênero – por serem fruto das relações de poder e hierarquia entre os sexos. Intensificou-se o debate sobre alteridade, iniciado na década de 1970, e postulou-se nova dimensão da igualdade entre os sexos, fundamentada no respeito às diferenças.

Já no início dos anos 80, Guillaumin (1982) referia-se à invisibilidade das mulheres nos estudos sociológicos, e aos preconceitos das Ciências Sociais nas décadas anteriores, ao tratarem as mulheres como uma variável a mais nas pesquisas, considerando esta posição um dos efeitos das relações sociais de sexo na academia e na sociedade da época. Ao fazer esta crítica, a autora sinalizava o uso de uma nova abordagem nos estudos e nas pesquisas sobre mulheres. De fato, foi justamente nesse período que o conceito de relações sociais de sexo começou a se introduzir nas análises da Sociologia.

Hirata (1989) menciona Kergoat como a primeira pesquisadora na França que articulou as duas esferas do trabalho feminino: a doméstica e a assalariada. Esta articulação tornou-se "uma preocupação central de uma corrente da Sociologia das relações de sexo nos anos 80", sobretudo nas pesquisas da área do trabalho. A autora mostra como

a reflexão em termos de diferença chegou a teorizar formas especificamente femininas de produção social como modo de produção doméstica e formas especificamente femininas de antagonismo social como a

38 LUCILA SCAVONE

luta da classe de mulheres contra a classe dos homens, o inimigo principal. Essa reutilização de categorias marxistas no estudo da opressão feminina vai desembocar, na realidade, numa análise totalmente ausente dos escritos marxistas clássicos: a do trabalho doméstico no capitalismo. (Hirata, 1989, p.91)

De fato, as cientistas sociais do Centre National de la Recherche Scientifique (CNRS), que faziam parte dessa corrente, divulgaram, nos meados dos anos 80, trabalhos que articulavam as instâncias da produção e da reprodução, à luz do conceito de relações sociais de sexo, ultrapassando a dicotomia antes formulada pelo marxismo (*Cahiers de l'APRE*, 1988). Apesar dos esforços em conceituar e enfatizar a relevância social, econômica e política da família e da reprodução, o feminismo marxista tendia a considerar a esfera da produção como dominante e determinante (Scott, 1990).[17]

O conceito de relações sociais de sexo permitiu pensar o sexo como categoria social, relacional com base na estrutura da sociedade de classes, dando ênfase à noção de hierarquia e dominação. Não se

---

17 A criação de conceitos como modo de reprodução para o entendimento das questões do privado, a exemplo do conceito de modo de produção, evidencia o empenho das feministas marxistas em tentar uma integração com a esfera da produção. Mas outras feministas partiram da análise da relação do trabalho doméstico com o capital para ressaltar as contradições entre homens e mulheres no espaço doméstico e politizar este espaço (Benston, 1970). A valorização do trabalho doméstico levou alguns grupos feministas a reivindicar um salário para ele, considerando que as mulheres reproduziam força de trabalho e criavam, também, mais-valia mediante este trabalho (Hartmann, 1978). Por outro lado, Hartmann nos mostra como o feminismo radical, também, transpôs as categorias analíticas marxistas para abordar a questão homens/mulheres. A contradição principal para estas feministas se daria na dialética dos sexos, isto é, entre homens e mulheres que compõem a base material do patriarcado e não nas classes sociais (Firestone, 1976). Assim, o debate entre o marxismo e o feminismo cultivou seguidamente impasses relacionados à determinação de uma contradição principal na sociedade: entre as classes ou entre os sexos? Atualmente, as feministas costumam problematizar a questão de outra forma, enfatizando a articulação das contradições: "A sociedade não comporta uma única contradição. Há três fundamentais que devem ser consideradas: a de gênero, a de raça/etnia e a de classe" (Saffioti, 2000, p.73). Ou, ainda, acrescentam as contradições norte *versus* sul, no processo da globalização (Scavone et al., 1994).

DAR A VIDA E CUIDAR DA VIDA **39**

afastando de todo de sua inspiração marxista inicial, ele procurou equacionar a articulação classe e sexo. Segundo Combes et al. (1991a, p.65):

> Nossa construção teórica das relações sociais de sexo produz uma ruptura crítica com a Sociologia que as ignorou; recusando as abordagens que subordinam as relações de sexo às relações de classe, esta construção teórica debate de forma privilegiada com a Sociologia das relações sociais (em fase de renovação) da qual ela faz parte.

Estas sociólogas integram um dos grupos que vêm trabalhando com este conceito na França: o Grupo de Estudos Divisão Social e Sexual do Trabalho (Gedisst), no CNRS. Muitos estudos foram desenvolvidos por esse grupo a respeito: do trabalho das mulheres, evidenciando que ele é *sexuado*; da maternidade (desconstruindo sua noção de *handicap* natural e apontando-a como uma situação social) e do tempo; dos impactos das novas tecnologias no trabalho e na reprodução humana, entre outros (Kergoat, 1992, 1996; Ferrand & Langevin, 1990; Hirata, 1992; Laborie, 1992).

Tais análises contestam a ideia de que o sexo feminino seria caracterizado por certo número de *handicaps* (defeitos) inerentes a uma natureza de fêmea, os quais determinariam a dominação masculina. Ferrand & Langevin (1990) chamam a atenção para o fato de que as análises biocategoriais geraram noções como a de *handicaps naturais* (defeitos naturais) que estariam presentes em textos marxistas quando hierarquizam a força de trabalho masculina ante a feminina, mostrando que a ideia de força de trabalho é a de energia muscular sexuada.

A dominação masculina é produzida nas relações sociais de sexo e é aí que ela deve ser entendida:

> nas relações sociais de sexo os homens ocupam também um lugar específico: eles estão majoritariamente em posição dominante. Mas eles não estão nessa posição porque as mulheres estão abaixo deles. Eles estão colocados ali pelas próprias relações de sexo e porque eles são produzidos para estarem ali e lutam para se manterem. (Devreux, 1986)

As relações sociais de sexo também são tratadas em termos de identidade feminina, no que concerne à igualdade ou diferença ou ainda na construção de um sujeito sexuado (Hirata, 1989). O conceito de relações sociais de sexo nos evidencia que a dimensão sexuada é parte integrante do social e, portanto, tem de ser considerada na construção das categorias de análise das Ciências Sociais (Kergoat, 1996).

Nos estudos de língua inglesa é o conceito de *gênero* que responde pela construção social das diferenças entre os sexos. Segundo Scott:

> As preocupações teóricas relativas ao gênero como categoria de análise só emergiram no fim do século XX. O termo gênero faz parte de uma tentativa empreendida pelas feministas contemporâneas para reivindicar certo terreno de definição, para insistir sobre a inadequação das teorias existentes em explicar as desigualdades persistentes entre as mulheres e os homens. (1990, p.13)

A teoria de gênero elaborada por esta historiadora, cuja reflexão deu suporte a numerosos (as) estudiosos (as) do assunto, mostra que existem várias abordagens deste conceito que podem ser meramente descritivas (até utilizado como sinônimo de mulheres), ou analíticas buscando compreender o porquê das desigualdades sexuais. Sua definição de gênero foi adotada em diversos trabalhos na área das Ciências Sociais e dá conta de uma relação entre duas proposições. Na primeira, gênero é

> um elemento constitutivo de relações sociais fundadas sobre as diferenças percebidas entre os sexos – que aparecem: 1. nos símbolos culturalmente disponíveis; 2. nos conceitos que evidenciam as interpretações dos símbolos; 3. na política e na referência às instituições e à organização social; 4. na identidade subjetiva historicamente construída. (ibidem, p.14-5)

Nesta primeira proposição, a autora (des)constrói as abordagens universalistas, essencialistas e biologizantes da situação social das mulheres, que buscam encontrar um denominador comum para a dominação masculina apoiadas nas características biológicas dos sexos, e enfatiza o caráter social, cultural e histórico do gênero (Scott, 1990).

Na segunda parte do conceito, Scott ressalta os laços explícitos entre gênero e poder, sua dimensão política, hierárquica, relacional, ao dizer que gênero é "um primeiro modo de dar significado às relações de poder".[18] Em reflexão mais recente deixa claro que este poder se constrói em uma relação:

> não se pode conceber mulheres, exceto se elas forem definidas em relação aos homens, nem homens, exceto quando eles forem diferenciados das mulheres. Além disso, uma vez que o gênero foi definido como relativo aos contextos social e cultural, foi possível pensar em termos de diferentes sistemas de gênero e nas relações daqueles com outras categorias como raça, classe ou etnia, assim como levar em conta a mudança. (Scott, 1992)

No Brasil, este conceito teve ampla aceitação e foi introduzido pela crítica feminista nos estudos sobre mulheres, adquirindo *status* acadêmico.[19] Tal como o conceito de relações sociais de sexo que abrange diversas acepções, o conceito de gênero é enfatizado de maneira diferente por muitas autoras, conforme aponta Castro (1992): algumas enfatizam mais as relações de poder, outras debatem mais a cultura ou os sistemas simbólicos fundamentando-se nos elementos definidos por Scott em seu conceito e, também, nos suportes teóri-

---

18 Poderíamos tomar como exemplo uma análise acerca da maternidade. Ela pode ser abordada não apenas como símbolo de um ideal de realização feminina, mas também como símbolo da opressão das mulheres, ou símbolo do poder das mulheres, e assim por adiante, evidenciando as numerosas possibilidades de interpretação de um mesmo símbolo. Além disso, ela é constituinte de um tipo de organização institucional familiar, cujo núcleo central articulador é a família. E, mais ainda, trata-se de um símbolo construído histórica, cultural e politicamente que expressa relações de poder e dominação entre os sexos.

19 Ele foi a tal ponto utilizado que merece um estudo à parte: a reprodução do conceito passou a ser quase uma garantia de abordagem crítica, o que, de fato, nem sempre é o que ocorre.

cos de diferentes disciplinas: Sociologia, Antropologia, História, Cinema, Literatura.

É importante lembrar que algumas críticas foram elaboradas sobre o atrelamento do conceito de gênero à diferença sexual. Entre elas, ressalta-se a reflexão de Lauretis (1994), para quem a possibilidade dessa imbricação – de gênero e diferenças sexuais – dificulta a articulação das diferenças entre as próprias mulheres, construindo uma oposição universal dos sexos. Tal crítica revela o caráter não conclusivo deste conceito e o permanente debate teórico no feminismo.

A introdução destes dois conceitos na Sociologia significa um momento importante de ruptura, pois eles conseguiram superar parte dos determinismos biológicos na explicação das desigualdades sexuais. Ao analisar as diferenças entre os dois conceitos, Kergoat (1996, p.24) observa, em primeiro plano, que não se pode colocá-los em oposição, visto que são *altamente polissêmicos*, apontando suas várias (e mesmas) acepções. Considerando que o conceito de *gênero* pode permitir alguns deslizes como não incluir o "grupo de homens" ela afirma que: "trata-se ... menos de conceituações alternativas do que de formalizações preferenciais". Se embates teóricos permanecem, opondo a escola francesa à americana, ou no interior de cada uma delas, parece-nos uma questão menor; ao contrário, eles revelam a vivacidade e a criatividade das teorias feministas e a possibilidade de novos cortes e rupturas.[20]

Essas trajetórias, histórica, política e conceitual, nos dão a dimensão da complexidade para a busca de compreensão e análise da questão feminista. Entretanto, observa-se a abertura de um profícuo diálogo entre o movimento social e a academia: a inclusão dos conceitos de relações sociais de sexo e de gênero nas Ciências Sociais ilustra esta tendência, sugerindo-nos o amadurecimento teórico de duas instâncias do saber, a científica e a política.

---

20 Cabe lembrar que, em 1999, a revista *Cahiers du Gedisst*, editada pelo grupo ao qual Kergoat está ligada, mudou seu nome para *Cahiers du Genre*, marcando o início de uma integração/aceitação dos dois conceitos na língua francesa.

2
DAS DIFERENÇAS ÀS DESIGUALDADES: O CONCEITO DE SAÚDE REPRODUTIVA NA SOCIOLOGIA[1]

A utilização da abordagem de gênero na análise dos processos sociais deu lugar ao surgimento e à incorporação de novos conceitos nas Ciências Sociais, especialmente no campo da saúde,[2] que, pelas características de seu objeto, trata de questões entre o biológico e o social. Rompendo com o determinismo biológico nas reflexões da Sociologia Positivista, a abordagem de gênero possibilitou incorporar à compreensão dos fenômenos sociais uma análise relacional,

---

1 Apresentado no II Congresso Brasileiro de Ciências Sociais em Saúde (ABRASCO) na mesa-redonda Desigualdade, Diferença em Saúde, com o título "Das diferenças às desigualdades: reflexões acerca da inclusão do conceito de saúde reprodutiva na Sociologia", em dezembro 1999. Foi publicado com o mesmo título, em 2003, na coletânea organizada por P. Goldenberg et al., *O clássico e o novo: tendências, objetos e abordagens em ciências sociais* (Rio de Janeiro: Fiocruz, 2003, p.187-95).

2 Utilizo a noção de campo da saúde em sentido bourdieusiano: pensar o campo é pensá-lo relacionalmente (Bourdieu, 1992, p.72). Ele situa-se nas esferas científica e política e, como todos os campos bourdiesianos, é um campo de poder, lutando pela obtenção de um capital: "os agentes e as instituições lutam, de acordo com as regularidades e as regras constitutivas deste espaço de jogo ... com graus diferentes de força, e, por isto mesmo, com possibilidades diversas de sucesso, para se apropriar dos benefícios específicos que estão em jogo no jogo" (p.78).

44 LUCILA SCAVONE

transversal, histórica das diferenças sexuais. Se essas diferenças marcavam-se a olho nu pelos fenômenos biológicos, não eram, portanto, por eles determinados, conforme o positivismo apregoava. A utilização da perspectiva de gênero no campo da saúde permitiu verificar que as diferenças biológicas não caucionavam as desigualdades sexuais.

A busca do rompimento com o biodeterminismo direcionou as análises de gênero da Sociologia da Saúde. A emergência das noções como *saúde das mulheres, saúde reprodutiva, direitos reprodutivos*, entre outras, ilustra esta tendência. Produzidos no movimento feminista, esses conceitos foram incorporados pelas pesquisas nas Ciências Sociais, dando visibilidade às desigualdades sexuais na saúde.

A origem do conceito

Para melhor refletir sobre a trajetória do conceito de saúde reprodutiva, é necessário remeter à principal influência teórica e política dos estudos e das pesquisas de gênero na área da saúde: o feminismo contemporâneo. Com base nas ideias de autonomia, diferença, alteridade, discutida por filósofos pós-estruturalistas e valendo-se dos problemas reais que afligiam e ainda afligem as mulheres,[3] a abordagem feminista sobre saúde estava associada a uma concepção do conhecimento e (re)apropriação do próprio corpo – este emblemático da dominação masculina e objeto por excelência da Sociologia da Saúde –, dando lugar a uma das máximas feministas do final dos anos 60: *"Nosso corpo nos pertence"*.

---

3 Entre os problemas que vêm afligindo, há alguns anos, a saúde das mulheres brasileiras destacam-se: alta taxa de esterilizações femininas (40,1% das mulheres em união, usando contracepção, em 1996 estavam esterilizadas, Bemfam et al., 1997); a cifra importante de abortos clandestinos (1.400.000 por ano, The Alan Guttmacher Institute, 1994); a alta incidência de cesarianas (36,4% em 1996, Bemfam et al., 1997). Além destes, podemos citar a alta taxa de mortalidade materna em decorrência de gravidez, partos ou abortos; alta taxa de câncer de colo de útero e de mama; disseminação feminina da epidemia da AIDS/HIV.

DAR A VIDA E CUIDAR DA VIDA **45**

Subjacente a este preceito repousava a noção do liberalismo clássico do indivíduo livre e de direitos que reivindicava, no feminismo, a capacidade de dispor de seu próprio corpo. Para além da herança liberal contida neste princípio, a crítica ao controle social do corpo das mulheres afinava-se com uma proposta mais radical, que rompia com a tradição feminista ancorada na luta pelos direitos civis: a (re)apropriação do corpo significava trazer as questões do domínio privado para o debate público e, mais ainda, fazia do corpo um sujeito político, politizando o espaço privado em sua mais recôndita intimidade. Já não se tratava de ampliação de direitos, ou somente da conquista de direitos específicos, mas, sobretudo, de questionar profundamente as relações de gênero que perpassavam o conjunto das relações sociais.

O estatuto político atribuído ao domínio afetivo-sexual e reprodutivo mostrava que o espaço privado era articulado por relações de poder, dominação e hierarquia, nas quais as mulheres constituíam o polo dominado. Palavras de ordem de todos os tipos refletiam as reivindicações do direito à livre escolha da maternidade e, consequentemente, a todos os seus desdobramentos – especialmente, contracepção e aborto livres e gratuitos –, colocando no espaço público as fortes contradições que vigoravam no espaço privado.[4] Na prática política, estas ideias significaram levar uma luta que se estendeu do final dos anos 60 até meados dos anos 70, na Europa e nos Estados Unidos, e diziam respeito a um movimento mais amplo de transformação da sociedade, que eclodiu com o maio de 1968 na França.[5]

A explicação causal de que as diferenças biológicas entre homens e mulheres determinavam socialmente as desigualdades sexuais foi amplamente contestada pelo feminismo e expressa em outro slogan, que correu mundo na mesma época: *"Diferentes, mas não desiguais"*.

---

4 Falar no passado não significa que estes problemas tenham se resolvido, uma vez que persistem em diferentes contextos. Veja-se, por exemplo, a situação de ilegalidade do aborto na maioria dos países latino-americanos.

5 Por estas razões, o (re)nascimento do feminismo contemporâneo é seguidamente atribuído à explosão do Movimento de 68, na França, considerado um marco das ideias libertárias hodiernas (Spagnoletti, 1978).

46 LUCILA SCAVONE

Se, por um lado, esta afirmação questionava o determinismo biológico das desigualdades sexuais, por outro afirmava as diferenças. De fato, a afirmação das diferenças biológicas buscava tanto valorizar a construção histórica da identidade feminina como desconstruir as implicações negativas dessa identidade nas relações sociais e na vida intelectual.[6]

No campo da saúde, isto significava recusar a definição do corpo feminino construída pela medicina e colocar a subjetividade, "a vivência das mulheres – a sexualidade, o amor – num discurso sobre saúde" (Gaucher, Laurendeau & Trottier, 1982, p.144). Buscava-se, também, a recuperação de um saber historicamente desenvolvido pelas mulheres por meio da experiência adquirida com seu ciclo reprodutivo: a menstruação, a gravidez, o parto, a amamentação, o puerpério, entre outras.

O resultado destas propostas levou à formação de grupos de autoconsciência que enfatizavam o aprendizado e o autodomínio do corpo, do conhecimento de seus aspectos reprodutivos e sexuais, com base na ideia da autonomia das mulheres. Essa autonomia significava, em sentido mais amplo, a capacidade de as mulheres refletirem criticamente sobre as relações de dominação, hierarquia e poder entre os sexos, dando um sentido novo à dinâmica por elas exercida nestas relações.[7] Em termos práticos, este processo se concretizava no conhecimento da sexualidade, do corpo e da reprodução, considerado estratégico para a obtenção da liberdade feminina em todos os níveis. Considerava-se que somente o conhecimento destas

---

6 Harding (1993) refere-se à dificuldade de as categorias analíticas feministas reconhecerem as diferenças biológicas e romperem com o determinismo biológico, ou seja, não cair na cilada de fazer dessas diferenças uma fatalidade para a vida dos homens e das mulheres. A este propósito Scott (1999, p.217) reafirma o risco de dicotomizar o debate igualdade *versus* diferença: "... como fazer para reconhecer e utilizar noções da diferença sexual e, ao mesmo tempo, ter argumentos a favor da igualdade?". Responde afirmando que a igualdade não é antítese da diferença e que devemos rejeitar esta construção dicotômica.

7 A ampla divulgação do livro *Our bodies, ourselves*, editado pela primeira vez em 1971 nos Estados Unidos e traduzido em diversas línguas, é um bom exemplo desta experiência (Collectif du Boston, 1977).

DAR A VIDA E CUIDAR DA VIDA   **47**

questões, e a consequente autodeterminação por ele gerada, dariam às mulheres condições de construírem com liberdade suas trajetórias reprodutivas.

Estas práticas traziam a público outra concepção de saúde, na qual se incorporava a ideia do autoconhecimento e autodomínio do corpo, da sexualidade e reprodução, do saber sobre saúde. Elas também expressavam a crítica à razão absoluta da ciência médica, que passou a ser um elemento, entre outros, na busca pela saúde.

A perspectiva contestatória desta reflexão deu lugar à construção do conceito de saúde das mulheres que tornou visível política e socialmente a questão de gênero na saúde, da mesma forma que o conceito de saúde do(a) trabalhador(a) fez do problema da saúde no trabalho uma questão social e política. De fato, a saúde das mulheres foi – e continua sendo – um eixo importante da luta do feminismo contemporâneo, com destaque para os problemas reprodutivos, cuja urgência para encontrar soluções mobilizava grande número de mulheres. Portanto, nos anos 80, surgiu a definição mais específica de saúde reprodutiva das mulheres, construída no Movimento Feminista Internacional, procurando abranger todos os problemas de saúde ligados à reprodução (contracepção, aborto, pré-natal, parto, câncer de mama e de colo do útero, doenças sexualmente transmissíveis, gravidez na adolescência, entre outros).

Nesta ótica, os problemas relacionados à reprodução, à maternidade, não eram considerados fatalidade biológica nem determinantes da situação social das mulheres, mas resultantes das relações de gênero. Por outro lado, a adoção deste conceito fez – e ainda faz – crítica às políticas de controle populacional, prejudiciais à saúde das mulheres. Além disso, possibilitou novas abordagens das questões reprodutivas, analisando-as mediante outros prismas que não os estritamente médicos, tais como os aspectos subjetivos, políticos, econômicos, sociais e culturais que lhes estão associados. Este conceito também deu visibilidade ao trabalho que as mulheres desempenham na reprodução e pela saúde da família (Cresson,1991), relacionando, pela via do espaço privado, saúde, trabalho e gênero.

A utilização política do conceito de saúde reprodutiva feminista proporcionou condições às mulheres – mediante a luta pelo acesso à contracepção e pelo direito ao aborto, nos países do norte – de se apropriarem do controle de seu potencial reprodutor e de sua reprodução efetiva, fazendo da maternidade uma escolha, não mais uma fatalidade biológica (De Koninck, 1996). De fato, a maternidade foi considerada durante muito tempo o eixo central da situação – que o feminismo marxista denominava – de *opressão das mulheres*, pois sua realização determinava o lugar que elas ocupavam na família e na sociedade. Assim, a recusa consciente da maternidade – pela contracepção e/ou aborto – significava muito mais do que negá-la como fatalidade biológica, mas, também, a possibilidade de conquistar a *emancipação*.[8]

Este debate nos mostra que os conceitos surgem de realidades histórico-sociais precisas e, portanto, têm dimensão teórica e empírica, cuja inter-relação possibilita-nos compreender como eles foram e são utilizados, quais são suas repercussões nas diferentes sociedades. O conceito de saúde reprodutiva é teórico ao abordar a característica reprodutiva das mulheres – gravidez, parto, amamentação, maternidade – como problemática universal de gênero. Esta universalidade, entretanto, não é absoluta; ela é tratada com base numa abordagem relacional e histórica buscando identificar os aspectos decorrentes de uma situação de dominação e poder masculinos (na relação com o companheiro, com os médicos e com as instituições de saúde) e os aspectos decorrentes de outro polo de poder no qual as mulheres têm primazia pelo autoconhecimento de seus corpos, domínio da contracepção, realização ou recusa da maternidade, ambos em tensão na luta política pela transformação das condições de saúde das mulheres. Por outro lado, ele evidencia as questões empíricas ao tratar a saúde reprodutiva em cada contexto particular, colocando no palco seus problemas mais urgentes, as reflexões, lutas e soluções que a ela são dadas.

---

8 Opressão e emancipação das mulheres foram mais utilizados na literatura feminista nos anos 70, em particular pelo feminismo marcadamente marxista.

Em síntese, a origem do conceito de saúde reprodutiva está ligada à luta pela autonomia reprodutiva das mulheres que era então considerada condição *sine qua non* para a igualdade entre os sexos e, talvez, por isto, este conceito até hoje esteja frequentemente atrelado à noção de direitos reprodutivos. Assim, esta autonomia implicava a luta pela apropriação do próprio corpo, a crítica a sua medicalização e, por fim, a luta pelos direitos reprodutivos básicos, expressos no princípio da livre escolha da maternidade, ou seja, contracepção e aborto livres e gratuitos.[9]

Os desdobramentos do conceito e sua institucionalização

O conceito, em sua difusão, extrapolou o feminismo e começou, aos poucos, a ser utilizado por organismos políticos governamentais. No final da década de 1980, por exemplo, o Banco Mundial elaborou um Relatório sobre a Saúde Reprodutiva da Mulher no Brasil com um estudo detalhado sobre os principais problemas reprodutivos das brasileiras, demonstrando que o conceito já estava sendo assimilado pelos organismos internacionais (World Bank, 1990).[10]

Após a Conferência do Cairo de 1994, o conceito de saúde reprodutiva passou a ser definitivamente adotado pelos organismos internacionais, sobretudo a OMS, que inspirou sua nova enunciação com base em seu conhecido conceito de saúde: pleno bem-estar físico, mental e social que não consiste apenas em ausência de doenças. Utilizado em todo o mundo, a partir de 1946, este conceito teve como referência um modelo de saúde idealizado e a ser alcançado, cuja característica holística supera a divisão saúde/doença, servindo

---

9 O conceito de medicalização foi definido por Illich (1975) para designar a extensão das práticas médicas por meio de cuidados médicos, em todas as esferas e fases da vida, nas sociedades industrializadas modernas. O autor construiu uma crítica virulenta da medicalização, frisando que, na maioria das vezes, do ponto de vista individual, ela é inútil, custosa e até prejudicial à saúde.

10 Cabe lembrar que na lista de revisores desse relatório estão incluídas feministas brasileiras. World Bank, Brazil: *Women's Reproductive Health*, 1990.

50 LUCILA SCAVONE

como padrão para definir os aspectos específicos da saúde, entre eles o sexual e o reprodutivo.

O paradigma subjacente a este conceito é o do elogio a um mundo no qual a ciência e a técnica ocupam cada vez mais um lugar de destaque: é, pois, mediante a prática da tecnociência médica, resultante do avanço industrial e do desenvolvimento econômico, que a condição de pleno bem-estar fica assegurada. Atrelada a um projeto de sociedade ideal, a saúde transforma-se em uma utopia. Os rumos que a tecnologia e a ciência tomaram nas últimas décadas, na busca do homem perfeito, resultaram em megaempreendimentos como o Projeto Genoma Humano, cujo objetivo de traçar a cartografia molecular completa dos genes humanos está também associado a esta utopia da saúde (Sfez, 1995).[11] A procura pela perfeição presente na medicina e na biologia contemporâneas revela "uma projeção de vários elementos ideológicos sobre o futuro da humanidade e do planeta e vem ao encontro desta idealização planetária da saúde" (ibidem, p.229).

Com a mesma lógica de elogio ao bem-estar, o conceito de saúde reprodutiva transformou-se, segundo a ótica dos organismos internacionais, em

> um estado de completo bem-estar físico, mental e social, em todos os aspectos relacionados com o sistema reprodutivo, suas funções e processos, e não a simples ausência de doenças ou enfermidades. Isto implica a capacidade de desfrutar uma vida sexual satisfatória e sem riscos, de procriar e ter liberdade para decidir fazê-lo ou não fazê-lo, quando e com qual frequência. Nesta última condição está implícito o direito do homem e da mulher de obter informações sobre métodos que escolheram para regular a fecundidade, assim como outros métodos de regulação da fecundidade que não estejam legalmente proibidos, o acesso a métodos seguros, eficazes, exequíveis e aceitáveis, e o direito de receber serviços adequados de atenção à saúde que permitam gravidez e

---

11 Não se trata aqui de considerar negativamente a busca da perfeição humana – aliás, antigo, legítimo e inalcançável ideal humano –, mas de argumentar sobre a apropriação deste ideal pela tecnociência, tornando-o uma mercadoria.

partos sem riscos e deem aos casais as máximas possibilidades de ter filhos sadios. (CIPD, 1994)

Se, por um lado, este enunciado buscou recuperar alguns dos conteúdos presentes no conceito feminista, sobretudo da noção liberal clássica do indivíduo livre e de direitos, por outro ele afastou-se dele à medida que retoma o paradigma utópico da saúde, neutralizando as contradições sociais, econômicas e políticas que estão presentes na realidade do cotidiano da saúde. Em um aspecto, a característica utópica salienta aquilo que é irrealizável na saúde – principalmente, nos países do sul –, e, em outro, aceita um modelo de saúde (mais próximo dos países do norte) que, por designar um ideal a realizar, alimenta a esperança desta realização.

A ciência e a tecnologia contribuem na construção dessa utopia, buscando cada vez mais técnicas contraceptivas eficazes e seguras que promovam o pleno bem-estar reprodutivo dos indivíduos. Entretanto, foi justamente a ideologia da eficácia e da segurança na contracepção que permitiu o avanço das pesquisas de contraceptivos pesados como, por exemplo, o implante hormonal subcutâneo (Norplant®) e o injetável hormonal (Depo-Provera), cujos efeitos na saúde das mulheres dos países do sul – onde, via de regra, são testados e liberados – foram assinalados em diversos trabalhos (Bretin, 1992; Dacach & Israel, 1996).[12]

Consideradas as desigualdades entre os países do norte e os países do sul, essa concepção de saúde reprodutiva fica mais garantida para os primeiros países, onde muitas conquistas já estão asseguradas, notadamente no que se refere aos direitos básicos de informação, ao amplo acesso aos serviços de saúde, ao maior controle dos efeitos secundários das técnicas contraceptivas, mediante acompanhamento médico obrigatório e ao livre acesso ao aborto. Todavia, alguns aspectos da saúde reprodutiva – como a utilização de práticas contraceptivas consideradas de ponta (as acima citadas) em mulheres pobres e/ou imigrantes – revelam que as desigualdades sociais

---

12 Trataremos com mais profundidade esta questão no capítulo 4 deste livro.

associadas à contracepção também existem (e persistem) nos países do norte (Bretin, 1992).

O conceito de saúde reprodutiva pós-Cairo buscou contemplar e, em certa medida, normatizar a saúde reprodutiva das mulheres dos países do sul e das mulheres pobres do planeta. Sua enunciação foi produto de negociações que incluíram as reivindicações políticas das organizações não governamentais feministas com os interesses políticos das organizações internacionais, cujas metas substancialmente nunca foram as mesmas. Os debates das reuniões preparatórias do Cairo já apontavam para o drama das ONGs feministas em realizar as negociações, buscando formas de superação da "incompatibilidade explícita entre os fundamentos antidemocráticos que nortearam a própria origem *populacional* do conceito" e os ideais democrático e libertário do feminismo (Corral, 1996, p.109).

Entretanto, os resultados dessas negociações foram numerosos, ressaltando-se a institucionalização do conceito e todas as consequências daí advindas. De um lado, observa-se o caráter positivo dessa institucionalização, que incluiu maior divulgação, conhecimento e visibilidade da problemática da saúde reprodutiva; maior compromisso das organizações governamentais e internacionais em torno das metas a serem alcançadas; o reconhecimento social do trabalho e das reivindicações feministas nesta área. Assim, os documentos negociados foram considerados instrumentos úteis para pressionar políticos e legisladores e para incrementar as reivindicações das mulheres (Declaração do Glória, 1997). A participação de ONGs feministas na realização do Plano de Ações do Cairo possibilitou, também, criar alianças efetivas, cujos resultados positivos – e negativos – já foram avaliados na rodada Cairo + 5.

Por outro lado, os riscos da institucionalização não são desprezíveis. Primeiramente, trata-se de uma nova retórica por parte das organizações internacionais para estabelecer o controle populacional: a aplicação deste conceito seria mais consensual, não ferindo os princípios das ONGs feministas e de outros grupos opositores, ao passo que os programas de controle do crescimento das populações pobres vão se cumprindo.

De Koninck (1996, p.3) alerta para alguns de seus riscos:

> o processo de institucionalização pode esvaziá-lo do potencial de transformação que ele continha quando era levado, de certo modo à contracorrente, pelos grupos políticos (feministas e grupos contrários às políticas de controle populacional).

A mesma autora faz referências às críticas de Simons (1995): elas considerariam que o novo conceito manteria as políticas de controle populacional em nova embalagem.

Ressaltam-se, também, as dificuldades da aplicação efetiva de políticas promotoras da cidadania reprodutiva em diferentes contextos políticos nacionais, com situações socioeconômicas de precariedade, nas quais as mulheres têm baixa escolaridade e os serviços de saúde não apresentam condições de oferecer atendimento qualificado para suprir a falta de informação das usuárias.

O enfrentamento dos riscos apontados talvez tenha sido necessário, do ponto de vista feminista, para criar condições de dar o pulo do gato aos impasses que as mulheres do sul vivenciam, sobretudo, com as questões das tecnologias contraceptivas em curto prazo. Entre a busca de soluções em longo prazo e as ações pontuais que beneficiam a saúde das mulheres em curto prazo, muitas feministas preferem a última opção, ainda que, para tanto, tenham de formar parcerias questionáveis.

Estes desdobramentos do conceito de saúde reprodutiva mostram como são as questões políticas que caracterizam o tom do debate. A busca de soluções para os problemas relacionados à saúde reprodutiva das mulheres está associada ao estabelecimento de programas políticos que, muitas vezes, atendem interesses alheios aos das mulheres, sobretudo quando são oferecidos como pesquisas experimentais de testes contraceptivos, ou em campanhas pontuais que quase sempre não têm continuidade.[13]

---

13 Considerem-se, no Brasil, as campanhas mais recentes contra câncer de mama e de colo do útero.

Em síntese, a trajetória do conceito de saúde reprodutiva evidencia a associação entre suas influências e ambiguidades – de forma inequívoca – com um projeto político de sociedade e sua utilização, se resgatada historicamente pela perspectiva de gênero, pode dar visibilidade às desigualdades sexuais ligadas à saúde. Este resgate histórico significa respeito às diferenças e a luta pelo fim das desigualdades sexuais e sociais na saúde.

3
DIREITOS REPRODUTIVOS, POLÍTICAS DE SAÚDE E GÊNERO[1]

A noção dos *direitos reprodutivos* expandiu-se no movimento feminista mundial na metade dos anos 80, depois do Congresso Internacional de Saúde e Direitos Reprodutivos, ocorrido em Amsterdã, em 1984. A pauta do encontro privilegiava denúncias às políticas demográficas em curso nos países do sul, ao mesmo tempo em que assinalava questões emergentes, tais como o incremento das técnicas conceptivas nos países do norte.

Na origem deste conceito estava presente uma das ideias fundadoras do feminismo contemporâneo: o direito ao próprio corpo, baseado nos princípios de autonomia e liberdade, expresso na máxima: "*Nosso corpo nos pertence*". Os direitos reprodutivos nasceram da luta do Movimento Feminista Internacional para obtê-los – direito à livre escolha da maternidade, ao aborto, à contracepção – e podem ser considerados, do ponto de vista dos direitos humanos, uma ampliação deles.[2] Porém, do ponto de vista feminista, a noção dos di-

---

1 Apresentado na Anpocs em 1999 e publicado na revista *Estudos de Sociologia*, n.9, 2000, p.141-58.
2 Esta perspectiva de expansão dos direitos foi concebida por Marshall (1964) e retomada por diversos autores, entre eles Bobbio (1992). Tal concepção

reitos reprodutivos tinha um significado político social mais abrangente, pois ela remetia ao questionamento das relações de gênero tanto no interior da família como na orientação das políticas de planejamento familiar em vigor. Não se tratava só de politizar as questões privadas e trazê-las para o debate público, mas, sobretudo, mediante esta luta, alcançar a equidade de gênero.

Este artigo se propõe a analisar a trajetória do debate sobre direitos reprodutivos no Brasil, apontando seus avanços e paradoxos, diante de três problemas relacionados à questão de gênero e às políticas de saúde: o uso da esterilização como método contraceptivo, o aborto ilegal e o incremento das Novas Tecnologias Conceptivas (NTCs).

O debate no Brasil

As questões reprodutivas (especialmente, direito ao aborto e à contracepção segura) começaram a ser discutidas timidamente no país, no final dos anos 70 e começo dos anos 80, no contexto generalizado de uma luta – anterior e mais ampla – pela retomada de direitos políticos básicos, que haviam sido confiscados pela ditadura militar. A ligação da luta pelos direitos gerais com a luta pelos direitos específicos foi – e ainda é – uma marca do feminismo latino-americano, cujas reivindicações associavam-se inequivocamente com um projeto de sociedade democrática e igualitária, que, todavia, está em construção nos países deste bloco.

Neste período de transição democrática, o feminismo brasileiro conseguiu influenciar, em nível governamental, a elaboração do

---

distingue pelo menos três gerações de direitos – os direitos civis, políticos e sociais – daqueles direitos mais específicos, entre os quais poderíamos incluir os reprodutivos. Marques-Pereira & Carrier (1997) classificam os direitos reprodutivos como de quarta geração. Jelin (1994) observa que estas classificações não devem ser consideradas hierárquicas; elas representam no interior dos organismos internacionais – tal qual as Nações Unidas, que adotam a terminologia de geração de direitos – o estágio histórico desse debate.

Programa de Assistência Integral à Saúde da Mulher (Paism), cuja concepção integral do corpo feminino e de todas as suas fases tinha caráter inédito e progressista ante as políticas públicas até então em vigor. A ação feminista desta época, embora ainda não recorresse ao conceito de direitos reprodutivos, ligava a implementação deste programa a uma conquista de direitos das mulheres. Infelizmente, a efetivação do Paism nos serviços públicos de saúde, até os dias atuais, foi mais apregoada do que realizada.[3]

Com a democratização do sistema político, inaugurou-se o que Ávila (1993) denominou a *segunda década dos direitos reprodutivos* no país, na qual a mobilização feminista já utilizava a noção de direitos reprodutivos, centrando-se nos temas contracepção, legalização do aborto e assistência à saúde. A luta pela obtenção desses direitos foi levada aos canais democráticos que naquele momento se instalavam no país, como a Assembleia Nacional Constituinte. Neste período, o movimento feminista se mobilizou intensamente pela instituição do Paism que, em 1986, passou a ser executado pelo Inamps (Serviço Público Nacional de Atendimento à Saúde), mas em número muito restrito de serviços.

Toda esta luta manteve-se combatendo um importante *lobby* político antiaborto – no qual a Igreja Católica foi, e ainda é, uma expressão de peso[4] –, e a efetivação no país de políticas internacionais de controle da natalidade, as quais, graças à omissão do Estado brasileiro, influenciaram os rumos da fecundidade das mulheres brasileiras. Foi justamente na década de 1980 que a esterilização feminina começou a ser disseminada no Brasil, passando a figurar como pri-

---

3 Segundo Ribeiro (1993, p.404): "... há quase dez anos o Paism se arrasta de fracasso em fracasso sem conseguir viabilizar-se, a não ser em curta medida ... Muda constantemente o nome, vira Paismc porque nele se inclui a criança, passa a ser chamado Paismca, porque se pretende que a sua ação atinja adolescentes, volta a ser Paism, mas não responde adequadamente a qualquer de suas propostas básicas".

4 Há doze anos, porém, organizou-se na Igreja Católica brasileira e em outros países da América Latina um grupo de mulheres muito atuantes, em defesa do direito ao aborto – Católicas Pelo Direito de Decidir (CDD) –, evidenciando a luta interna na Igreja sobre as questões de gênero.

meiro método contraceptivo nas pesquisas nacionais de 1986, reforçando a política de queda da natalidade no país, constante nos acordos do Fundo Monetário Internacional (BEMFAM/IRD, 1987; Scavone, Bretin & Thébaud-Mony, 1994).

Na década de 1990, que aqui poderia ser chamada de *terceira década dos direitos reprodutivos*, a luta diversifica-se e a noção de direitos reprodutivos começa, cada vez mais, a ser assimilada pelos organismos internacionais. É, também, a década das megaconferências, quando as ONGs feministas estabelecem maior diálogo com estes organismos. A noção de direitos reprodutivos passa, então, a circular amplamente no conjunto da sociedade, dando visibilidade social a diversas questões estrita e indiretamente relacionadas à reprodução.

A maior circulação do debate sobre os temas ligados aos direitos reprodutivos foi, sem dúvida, positiva. A formação de Redes Feministas no Brasil e em outros países da América Latina fortaleceu e acelerou mais ainda o debate, conferindo mais destaque a problemas urgentes da saúde reprodutiva das mulheres neste continente: a alta taxa de mortalidade materna em decorrência de gravidez, partos ou abortos; a legalização do aborto; a disseminação feminina da epidemia da AIDS/HIV; a alta taxa de câncer de colo de útero e de mama, entre outros. Questões polêmicas e complexas também entraram na pauta das discussões, tais como a regulamentação da esterilização feminina e o acesso às NTCs.

Entretanto, a utilização da noção de direitos reprodutivos pelos organismos internacionais contribuiu para descaracterizar a dimensão política feminista destes direitos, cujos princípios, baseados inicialmente na ideia de autonomia e liberdade, passaram a ser utilizados como estratégia de divulgação e manutenção de métodos contraceptivos pesados, a exemplo da esterilização feminina.

A situação da esterilização feminina, da ilegalidade do aborto e do incremento do uso das NTCs tem suscitado no movimento feminista e na sociedade brasileira posições divergentes, discutidas, frequentemente, com base na noção de direitos reprodutivos. Criou-se um complexo debate que transita entre a reivindicação pelo direito das mulheres de utilizar os métodos contraceptivos e conceptivos oferecidos (e consagrados) no mercado, a aquisição de novos direitos – do aborto ou das NTCs[5] – e a constatação de que as mulheres brasileiras continuam alvo de políticas demográficas de cunho controlista. O pano de fundo desse debate é a luta pelo direito à livre escolha da maternidade, cuja obtenção repercute diretamente nas relações de gênero e na organização e estrutura familiar.

A esterilização feminina

A consagração no Brasil da prática da esterilização feminina como método de contracepção, proporcionando às mulheres o controle definitivo de sua fecundidade, trouxe à tona as contradições do debate sobre direitos reprodutivos num país marcado por desigualdades sociais profundas e alvo de políticas demográficas de controle populacional.

A difusão da contracepção moderna no país foi legitimada por essas políticas: inicialmente, por meio de ampla e indiscriminada campanha do uso de contraceptivos orais, sobretudo no Nordeste; posteriormente, com a disseminação da esterilização feminina. Cabe lembrar que a efetivação dessas políticas atendia às exigências dos países credores de reduzir o crescimento demográfico brasileiro, no quadro dos planos de ajuste estrutural do Fundo Monetário Internacional (Scavone et al., 1994). Este objetivo foi plenamente alcançado: durante uma década e meia foi registrada uma queda radical da taxa de fecundidade no país, que de 4,5 filhos(as) por mulher, em 1980, passou para 2,5 filhos(as) por mulher, em 1996 (World Bank, 1990; PNDS/BEMFAM, 1997).

De fato, a taxa de esterilização feminina das mulheres brasileiras que vivem com um companheiro e usam algum método contracep-

---

5 Uma corrente do feminismo brasileiro discute o acesso às NTCs pela ótica dos direitos reprodutivos, fundamentando-se no princípio do "direito à maternidade" (cf. Arilha, 1996).

60 LUCILA SCAVONE

tivo, com idade entre 15 e 49 anos, passou de 26,9%, em 1986, para 40,1%, em 1996, aumentando 49,7%, e situando o Brasil entre os países com uma das mais altas taxas de esterilização feminina do mundo (Leridon & Toulemon, 1996). Este dado também está relacionado ao abuso de partos cirúrgicos que passaram de 31,6%, em 1991, para 36,4%, em 1996 (PNDS/BEMFAM, 1997). Vale lembrar que 74% das esterilizações no Brasil são realizadas no momento do parto, das quais 80% são em parto cesáreo (ibidem).[6]

Por outro lado, a idade média das mulheres que se esterilizam diminuiu de 31,4 anos, em 1986, para 28,9 anos, em 1996, indicando aumento de precocidade na decisão de não mais procriar (ibidem). A adesão das mulheres brasileiras à esterilização é permeada pelas profundas desigualdades sociais existentes no país, onde as regiões mais pobres têm as taxas mais altas de esterilização. E estas taxas aumentam conforme diminuem os anos de escolarização, mostrando-nos o alcance de tal prática entre as camadas mais pobres da sociedade: 59,5% de mulheres unidas estão esterilizadas na região Centro-Oeste e 51,3% na região Norte, em comparação a 29% na região Sul; 45,7% das mulheres sem nenhum grau de escolarização estão esterilizadas em relação ao dado de 35,7%, referente às mulheres com doze anos de escolarização (ibidem).

Tantos anos de uso dessa técnica deixaram marcas consideráveis nas mulheres brasileiras, cujo ideal contraceptivo passou a ser a esterilização. Várias pesquisas demonstram que as mulheres de baixo poder aquisitivo aspiram pela esterilização e até pagam para realizá-la (Vieira, 1994). Em pesquisa no Norte do Brasil, Serruya (1996) verificou que o desejo das mulheres de serem esterilizadas atrelava-se às pressões exercidas por empresas que exigiam atestado de esterilização de suas funcionárias, transformando tal desejo em obrigação. Entretanto, a coercitividade social – no sentido durhkeimiano do termo –, construída em torno da esterilização, é baseada em muitos fatores, entre os quais destacam-se: a falta de opções con-

---

6 Ver especialmente Berquó (1993), "Brasil, um caso exemplar – anticoncepção e partos cirúrgicos – à espera de uma ação exemplar".

traceptivas; a sua eficácia contraceptiva; a não verificação de efeitos imediatos sobre a saúde das mulheres; a característica de atuar sem a necessidade de controle diário.

Do ponto de vista dos direitos reprodutivos, o debate sobre a esterilização feminina no Brasil levantou vários problemas. Inicialmente, teve caráter de denúncia contra o crescimento inexorável do fenômeno, ressaltando: sua aplicação como política de controle do crescimento das populações mais pobres no país e/ou da raça negra; sua associação com partos cesáreos; o desconhecimento de suas consequências para a saúde das mulheres; seu caráter definitivo e o arrependimento que pode provocar; o distanciamento das mulheres esterilizadas do funcionamento reprodutivo de seus corpos.

A permanência e o aumento da esterilização na sociedade brasileira modificou o teor do debate e, na última década do século XX, passou-se a tratar de sua regulamentação. O seu estatuto jurídico nunca foi muito claro, pois o Código Penal Brasileiro não se refere diretamente à esterilização, mas condena a lesão corporal que provoque perda ou inutilização de função. Com base nesta legislação ampla, o Ministério da Saúde considerava a esterilização ilegal, o que não afetou sua prática, conforme demonstram as estatísticas.

Em agosto de 1997, a esterilização foi regulamentada por lei federal: um projeto propôs regulamentação para o planejamento familiar no Brasil com critérios para o acesso à esterilização voluntária masculina e feminina nos serviços de saúde pública, Sistema Unificado de Saúde (SUS), de autoria do deputado federal Eduardo Jorge, do Partido dos Trabalhadores (PT).[7]

Entre os critérios estabelecidos pela lei para a realização da esterilização no SUS, estão: idade acima de 25 anos para homens e mulheres; ter pelo menos dois filhos(as); o(a) usuário(a) estar informado(a) de seus riscos e benefícios; ser realizada independentemente do parto. A proibição de sua realização com o parto buscou controlar o abuso de partos cesáreos no país.

---

7 Também autor do projeto de lei pela regulamentação do aborto no país.

Pelo fato de o Brasil já ter atingido a taxa de fecundidade prevista pelas políticas controlistas, ficou presente a ideia de que essas políticas não teriam mais cabimento no país, a não ser para manter o padrão demográfico alcançado, o que modificaria a função da esterilização entre nós. Neste caso, a sua regulamentação estaria contribuindo para torná-la um método contraceptivo entre outros e dar às mulheres o direito de realizá-la nos padrões estabelecidos.

Nesta perspectiva específica, a noção de direitos reprodutivos toma outro rumo e perde seu conteúdo político feminista. Trata-se de legalizar uma situação extrema e o direito de acesso à esterilização – ou a outro método qualquer disponível no mercado – sobrepõe-se ao questionamento das desigualdades sociais e sexuais que sua aplicação suscita, às suas implicações demográficas e, sobretudo, ao vazio de uma política de saúde que reverta esta situação, oferecendo possibilidades efetivas de escolhas contraceptivas.

Diante da emergência de um novo modelo de família, com pequeno número de filho(as), adequado ao ritmo das sociedades industriais contemporâneas, a esterilização feminina aparece na sociedade brasileira, também, como a escolha pela não maternidade, cujas implicações deveriam ser mais bem analisadas pela ótica das relações de gênero. Ávila (1999) considera que esta saída contraceptiva poderia ser explicada como uma forma de rebelião das mulheres contra as difíceis condições na qual vivem a maternidade. De fato, considerando que as mulheres continuam sendo as principais responsáveis pelos cuidados dos(as) filhos(as) na família e na sociedade, este tipo de escolha pela não maternidade pode estar refletindo tanto a ausência de uma política de saúde reprodutiva que atenda aos interesses das mulheres, como, igualmente, em âmbito mais amplo, as desigualdades sociais existentes no país.

A questão do aborto

Estimativas de 1994 do Instituto Alan Guttmatcher (cf. The Alan Guttmatcher Institute, 1994) e de 1994-1995 da Oficina Panamericana (cf. Redesaúde, 2001) indicam que cerca de 1 milhão e 400 mil abortos são feitos anualmente no país, praticados em geral por pessoas não capacitadas e em lugares não higiênicos.[8] O aborto é considerado crime, desde o Código Penal de 1940, salvo em casos de gravidez resultante de estupro e de risco de vida à gestante.[9] A Comissão de Reforma do Código Penal acrescentou no novo texto dois permissivos legais: situação de risco à saúde da mulher e comprovada má formação fetal grave e irreversível, que deverão ser analisados pelo Congresso Nacional (Barsted, 1998). Há catorze projetos de lei sobre o aborto em tramitação no Congresso Nacional, cuja situação é amplamente divulgada pelas ONGs.

As ONGs feministas desempenham papel importante na ampliação dos direitos do aborto, uma vez que buscam assegurar os casos previstos por lei, como também ampliá-los.[10] Entre elas, é interessante destacar o papel do grupo das Católicas pelo Direito de Decidir (CDD), que tem se notabilizado na luta pelo direito das mulheres de escolherem se querem, ou não, levar adiante uma gravidez, constituindo uma oposição na Igreja Católica. Em seu conjunto, esses grupos lutam pela descriminação e pela legalização do aborto, considerando-o um direito de cidadania e de autodeterminação das mulheres.

Por outro lado, os grupos conservadores associados à Igreja Católica defendem a existência da vida humana desde o momento da

---

8 Este número pode variar entre 750 mil e 1 milhão e 400 mil. Esta estimativa foi feita com base nas internações hospitalares da rede pública hospitalar e incluem também os abortos espontâneos (Dossiês Rede Saúde, 2001). Considerando-se as dificuldades de obter dados fidedignos sobre aborto no país, é possível que esta cifra esteja superestimada, entretanto ela é considerada aproximativa. Cabe lembrar que o crescimento anual da população brasileira está em torno de 2 milhões e 200 mil, não muito distante da cifra de abortos clandestinos, o que nos permite supor que o aborto, também, se constitui em forte componente do controle da natalidade no país.

9 Ver mais sobre aborto nos capítulos 5 e 6 deste livro.

10 Em 1999, o caso de uma menina de dez anos, grávida por estupro, foi de difícil solução. Os setores conservadores da Igreja interferiram para não permitir o aborto e contaram com a ajuda da maioria dos médicos. O movimento feminista e outros setores progressistas da sociedade conseguiram que o aborto fosse realizado após ampla mobilização.

concepção, considerando o aborto um atentado à vida e pressionando contra as mudanças propostas. Estas duas correntes de pensamento, com significativa influência nos órgãos legislativos, estaduais e municipais, no Congresso Nacional e na imprensa, disputam os rumos da prática do aborto no país. Na década de 1990, todo esse debate expandiu-se, situando a discussão do aborto num terreno social e político mais amplo, trazendo novos segmentos sociais à cena: profissionais da saúde, juristas e parlamentares.

Em análise sobre a questão da descriminação do aborto, Barsted (1997) chama a atenção para a necessidade de o movimento feminista recuperar a radicalidade de suas lutas, viabilizando propostas já feitas em sua trajetória, entre as quais o reconhecimento do aborto como problema de saúde da mulher que não deveria ser tratado pelo Código Penal.

É possível dizer que a luta pelo direito ao aborto seguro e sem riscos – que concerne à questão de fundo de sua despenalização – tem sido, nos últimos anos, uma das bandeiras do feminismo latino-americano, exemplificando bem um dos aspectos legítimos da luta pelos direitos reprodutivos neste continente.[11]

As novas tecnologias conceptivas (NTCs)

No que concerne ao uso das NTCs, seu avanço no país trouxe novas questões que já estão sendo debatidas pela ótica dos direitos, da saúde e da ética e/ou bioética. No âmbito da família e das relações de gênero, esta prática é o avesso da esterilização e do aborto, visto que leva à realização da maternidade mediante uma fecundação programada. Um dos paradoxos da prática das NTCs no Brasil é sua coexistência com uma política de controle demográfico, cujos rumos le-

---

11 A visita do Papa João Paulo II em 1997 ao Brasil contou com forte mobilização dos grupos feministas brasileiros – com especial destaque ao grupo das Católicas Pelo Direito de Decidir (CDD) – para tornar pública a grave situação da clandestinidade do aborto no Brasil e da necessidade de revertê-la (CDD, 1997).

varam a esterilização feminina ao patamar de método contraceptivo mais utilizado no país.

Arilha (1996) assinala que os serviços de NTCs estão aumentando: passaram de seis clínicas em 1982 (metade no estado de São Paulo), para 44 clínicas em 1994. Destas, 23 estão no estado de São Paulo, 9 no interior e 14 na capital. As demais estão espalhadas em dez capitais; são clínicas particulares ou ligadas a universidades. As clínicas públicas possibilitam à população de baixo poder aquisitivo ter acesso a esta tecnologia, embora seja necessário pagar alguns medicamentos. Cabe lembrar que tais serviços não estão dando conta da demanda deste setor populacional: os casais esperam até dois anos para obter o procedimento.[12]

Pela ótica dos direitos reprodutivos, o debate sobre as NTCs se divide. Uma corrente do feminismo, defendendo o desejo de ser mãe e o direito à maternidade, considera legítimo reivindicá-las como direito reprodutivo (Arilha, 1996). Outra corrente lembra que o equívoco de tal reivindicação repousa em certos fatos: os riscos destas técnicas à saúde das mulheres; a falta de reflexões e códigos de ética mais efetivos que avaliem seu uso e protejam as usuárias, sobretudo nos países do sul (Laborie, 1996; Sommer, 1998). As informações sobre a utilização das tecnologias conceptivas são veiculadas, sobretudo, do lado dos que as executam, de modo que torna o conhecimento delas parcial.

Para Rotania (1999), uma vertente do feminismo enfatiza os danos à saúde das mulheres, causados pelas tecnologias conceptivas (eu acrescentaria: e as contraceptivas), ao passo que outra corrente ressalta a questão dos direitos delas decorrentes, e uma terceira ressalta as questões da bioética, as quais, também, subdividem-se em várias posições, revelando postura política distinta, seja de aceitação seja de crítica ou total oposição aos avanços tecnológicos interferindo na vida humana.

---

12 Segundo informação de um médico destes serviços, existe um patamar mínimo de renda para os casais obterem o procedimento para evitar demanda daqueles que não tenham condições de manter uma criança.

A reprodução assistida é um bom exemplo de como a luta pelos direitos reprodutivos não pode ser nivelada pela lógica do livre mercado, sob risco de penalizar as mulheres, transformando os direitos adquiridos em novas obrigações femininas e ofuscando debates importantes, como os relacionados à saúde e à ética.

Da negação da maternidade (pela esterilização e pelo aborto) a sua afirmação (pelas NTCs), estamos diante de novos modelos de organização e estrutura familiar que, regulados pelas tecnologias médicas, pelas políticas de controle de natalidade (ou incentivo, nos países do norte), deixam pouco espaço para a expressão do desejo de cada mulher. Resta saber até que ponto as tecnologias reprodutivas (no caso, esterilização e NTCs) podem contribuir efetivamente para a livre escolha da maternidade e ser reivindicadas como direito pelas mulheres.

Politizar o debate

A utilização destas práticas provocou impactos, indiscutíveis, no perfil populacional da sociedade brasileira, na estrutura e na organização da família e na saúde das mulheres. Se a prática do aborto contribuiu para o controle demográfico das sociedades antigas (e modernas), ela foi quase sempre um ato fundado no desejo – ou rebeldia – das mulheres de não realizarem a maternidade, o que, sem dúvida, ajudou em sua condenação moral. O fato de ser uma prática que sempre existiu na História da humanidade, apesar das sanções e dos julgamentos, confere-lhe caráter de ruptura radical com a natureza, isto é, com a determinação biológica da maternidade e da família.[13] A conquista do direito ao aborto nos países do norte, por mais consolidada que esteja, ainda sofre ameaças de forças conservadoras, mostrando o caráter socialmente perturbador desta prática.

---

13 Segundo Shorter (1992, p.373), "as mulheres sempre tiveram a possibilidade de acabar com uma gravidez indesejada, principalmente pelo meio de drogas abortivas. Algumas dessas drogas eram muito perigosas e precisava uma vontade firme para usá-las. Assim, o aborto foi quase sempre um ato desesperado".

No Brasil, o aborto não é, ainda, um direito que permita a livre escolha da maternidade. Paradoxalmente, a recusa da maternidade foi assegurada no país por uma contracepção eficaz e pesada – porque definitiva –, como a esterilização feminina. A forma pela qual foi disseminada, visando às mulheres pobres, evidencia a imposição de um padrão de maternidade almejado pelas políticas demográficas. Se a adesão das mulheres brasileiras a este padrão pode significar recusa consciente – ou inconsciente – da realização da maternidade, ela teve seus limites na falta de escolhas contraceptivas.

No processo da escolha, as desigualdades sociais dificultam e, na maioria das vezes, impedem o exercício da autonomia individual: por exemplo, a adesão à esterilização por mulheres das regiões mais pobres do Brasil e por aquelas com escolaridade mais baixa aponta não só o ardil da escolha como a falta de ética na oferta contraceptiva, regida pelo princípio que enobrece os fins, ignorando os meios, reduzindo a possibilidade de decisões individuais. Resta a indagação: se as mulheres pudessem escolher entre vários métodos seguros, com acompanhamento médico, optariam pela esterilização? Se esta escolha fosse viável, o número de abortos inseguros também diminuiria.

O estágio atual do debate sobre a esterilização feminina no Brasil tem se desdobrado, tal como vem ocorrendo com as NTCs, para a defesa dos direitos individuais, legitimando a situação existente. Com isto, a noção de direitos reprodutivos está perdendo seu conteúdo político, ao tratar mais do direito à utilização da técnica existente do que do questionamento mais amplo sobre as técnicas: seus efeitos sobre a saúde; a forma de sua introdução no país; as desigualdades sociais suscitadas pelo uso e suas implicações político demográficas.

Em decorrência, tem surgido uma crítica à "despolitização do conceito de direitos reprodutivos", sugerindo que estes estariam servindo à ideologia do livre mercado, contribuindo para criar a ilusão da escolha e desfavorecendo as mulheres (Stemerdingkaren, 1997).

A esterilização, o aborto e as NTCs são discutidos pela ótica dos direitos reprodutivos, mas com abordagens diferenciadas. Do ponto de vista da crítica feminista, trata-se do direito à não maternidade e à maternidade (no caso das NTCs), à autonomia e à liberdade de escolha das mulheres. Do ponto de vista das políticas demográficas e do mercado, trata-se do direito de acesso às técnicas contraceptivas ou abortivas, para a regulação da fecundidade, ou da venda de novos produtos. Portanto, é sempre bom lembrar: "as técnicas não ocorrem num vazio político, mas em uma sociedade estruturada em termos de relações de poder extremamente elaboradas" (Stolcke, 1991). Igualmente, a luta pelos direitos reprodutivos deve estar associada à questão da efetivação de políticas públicas de saúde que realmente beneficiem as mulheres, oferecendo escolhas e possibilidades de realizá-las.

Uma das peculiaridades da luta pelos direitos reprodutivos no país foi ter surgido atrelada à luta pela redemocratização, mostrando seu compromisso histórico contra políticas intervencionistas e a favor da saúde da mulher. Em virtude disso, é imprescindível resgatar seu caráter político transformador, para que não se torne uma aliada da política neoliberal e possa contribuir efetivamente na construção da cidadania reprodutiva das mulheres brasileiras. Isto significa contemplar a legalização do aborto e, ao mesmo tempo, atentar para as implicações políticas e sociais da esterilização feminina e das NTCs.

4
TECNOLOGIAS REPRODUTIVAS: NOVAS ESCOLHAS, ANTIGOS CONFLITOS[1]

A reflexão sobre o consumo crescente das tecnologias reprodutivas – conjunto de técnicas contraceptivas e conceptivas utilizadas para impedir ou realizar a reprodução humana – situa-se no espírito da modernidade, no qual a razão e a ciência ocupam lugar privilegiado, definindo um modo de viver. Dar visibilidade às condições deste consumo na sociedade brasileira, considerando o alto índice de métodos contraceptivos entre as mulheres em idade fértil, e a busca cada vez mais frequente pela reprodução assistida, é um dos nossos objetivos neste capítulo.

Para que servem, a quem servem, quais os riscos desses métodos? Uma vez que a ciência e a técnica não são neutras, as respostas a estas questões exigem argumentos que não se limitem exclusivamente aos aspectos técnicos e médicos das tecnologias reprodutivas – lugar onde elas são produzidas – mas que levem em consideração as condições sociais e subjetivas nas quais são experimentadas.

As práticas destas tecnologias trazem à tona o debate de fundo da ética e da ciência, dos ganhos e das perdas das conquistas tecnológi-

---

1 Artigo publicado em *Cadernos Pagu* (10) 1998, NEG/Unicamp, p.83-112.

cas, da noção de progresso e de desenvolvimento humano e, sobretudo, das relações de gênero que as permeiam. Isto porque, além de estarem relacionadas com políticas demográficas controlistas ou natalistas, elas têm a particularidade de afetar a vida privada de cada um(a) de nós, interferindo diretamente no corpo, em seus aspectos mais íntimos: a vivência da sexualidade e a reprodução da vida. Esta interferência que, via de regra, acontece no corpo feminino, diminui o controle das mulheres sobre seus corpos, dando lugar ao controle médico e científico deles.

O processo de globalização econômica torna o consumo de todos os tipos de tecnologias cada vez mais generalizado e próximo de cada um(a) de nós. Ele provoca a transformação nos contextos da experiência social atingindo a vida privada das pessoas, influenciando comportamentos (Giddens, 1994). No caso das tecnologias reprodutivas, este processo contribui para difundir um consumo baseado no modelo da eficácia e no elogio da modernidade, propiciando tanto a possibilidade de maior autonomia reprodutiva para as mulheres, como a efetivação de políticas demográficas controlistas. A expansão destas tecnologias acompanha os avanços tecnológicos em outros domínios da sociedade, atingindo nossa vida cotidiana e mostrando-nos as contradições inerentes à globalização: a emergência de um modelo de sociedade que se pretende universal, provocando, em contrapartida, uma intensificação dos regionalismos e das particularidades locais (ibidem).

Neste contexto, o fortalecimento de diversas formas de fundamentalismos, especialmente os religiosos, que defendem de forma autoritária as tradições e reagem contra a conquista do direito de autonomia dos indivíduos, traz a público um aspecto complexo desta questão: a oposição ao uso das tecnologias reprodutivas geradas no próprio sistema que as produziu. Posições conservadoras e tradicionalistas no que se refere ao aborto e à contracepção são exemplos deste tipo de prática.

Toda esta situação acentua os contrastes sociais e é assim que tecnologias de ponta convivem, lado a lado, com a miséria, a fome e

DAR A VIDA E CUIDAR DA VIDA **71**

a ausência de condições mínimas de sobrevivência de parte considerável da humanidade.[2]

O debate e seu contexto

É necessário esclarecer que o termo *tecnologia* é aqui entendido como "um conjunto de técnicas" ou "como a teoria ou a filosofia das técnicas".[3] Utilizo a primeira definição para nomear as técnicas de reprodução humana, e a segunda para compreender as relações sociais subjacentes às práticas daquelas. Segundo Laborie (1992, p.29):

> o desenvolvimento tecnológico supõe a criação e a utilização de instrumentos; supõe também um processo e a aplicação de princípios supostamente racionais e/ou científicos para controlar, explorar, modificar espaço, a matéria, a natureza; no caso das tecnologias médicas, o corpo humano.[4]

Tomando por base a reflexão de Marcuse (apud Habermas, 1973, p.5) sobre a técnica como "uma forma de dominação (sobre a natureza e sobre os homens), uma dominação metódica, científica, calculada e calculadora", considero que a experiência das técnicas

---

2 Na sociedade brasileira, estes contrastes estão quase banalizados: convivemos com bebês de proveta e crianças trabalhando ou mendigando nas ruas. Segundo o Relatório Sobre o Desenvolvimento Humano (Brasília, PNUD/IPEA, 1996, 185p.), no início da década de 1990 o Brasil tinha um dos maiores índices de desigualdade do mundo, a renda média dos 10% mais ricos é quase trinta vezes maior que a renda média dos 40% mais pobres. Em 2002, o Brasil, segundo dados do RDH (Brasília, PNUD/IPEA, 2002), continua ocupando lugar de destaque em desigualdade social, o quarto lugar mundial, tendo à sua frente somente três dos mais pobres países africanos.

3 A primeira definição de tecnologia é descritiva e, segundo seu autor, inexata, porque funciona como sinônimo de técnica; a segunda definição seria a mais precisa (Lalande, s. d.).

4 Para Mauss (1980, p.371), técnica é "um ato tradicional eficaz ... O homem distingue-se dos animais pela transmissão de suas técnicas e provavelmente pela sua transmissão oral". A técnica é produzida pela sociedade humana ao mesmo tempo em que produz esta sociedade.

reprodutivas sugere a difusão e a imposição do modelo médico científico, mas também pressupõe a busca – ou a recusa – que mulheres e homens, em diferentes situações, fazem deste modelo. A dominação da natureza, no caso da reprodução, pode ser considerada um elemento de autonomia para as mulheres e também de controle político da natalidade, ou ainda um fator de risco para a saúde.

Habermas (1973, p.65), há trinta anos, referia-se à possibilidade de um crescimento considerável do "repertório de técnicas de controle", entendendo por elas, até mesmo, novos produtos farmacêuticos para o controle das emoções, meios de controle de ordem genética, entre outras. Neste processo de desenvolvimento em direção a um mundo virtual, ele alertava para a necessidade de "uma discussão pública, sem entraves e isenta de dominação, sobre o caráter apropriado dos princípios e normas orientando a ação ..." (p.67). Trinta anos depois, com a maioria destas técnicas disponíveis no mercado, o debate de fundo em relação às questões éticas tende a se polarizar, de um lado, na posição que enaltece o avanço da ciência e seus benefícios à humanidade; de outro, na denúncia dos efeitos nefastos destes avanços para a sociedade, conforme sintetizou Berlinguer (1996).

Em relação às tecnologias reprodutivas, a tendência não foi muito diferente. Cabe lembrar que algumas delas, como a pílula contraceptiva, beneficiaram socialmente as mulheres dissociando de forma eficaz a sexualidade da reprodução, possibilitando-lhes novas escolhas de vida além da maternidade. Por outro lado, elas também beneficiaram as políticas demográficas controlistas e, tal como foram realizadas, causaram danos à saúde das mulheres. Portanto, é sempre bom recordar a forma como estas tecnologias têm sido introduzidas em diferentes países quando se discute o seu uso. O movimento feminista, em países como a França, por exemplo, lutou, nos meados dos anos 60, pelo direito à contracepção livre e gratuita, e foi por meio desta luta que a contracepção moderna se democratizou e se expandiu naquele país. No Brasil, a contracepção moderna expandiu-se pelas exigências dos países credores para reduzir o seu

DAR A VIDA E CUIDAR DA VIDA **73**

crescimento demográfico, no quadro dos planos de ajuste estrutural do Fundo Monetário Internacional (Scavone et al., 1994).

A luta pelos direitos das mulheres ao acesso às tecnologias reprodutivas – mais recentemente chamada, por uma corrente majoritária do feminismo mundial, de *direitos reprodutivos* – é uma das marcas contemporâneas do debate e da prática feminista no que tange à difusão da contracepção, à legalização do aborto, entre outros aspectos da saúde reprodutiva das mulheres, especialmente para os países do terceiro mundo. O ponto vulnerável desta postura é a possibilidade de considerar, conforme já foi referido no capítulo anterior, em nome dos direitos, todas as tecnologias reprodutivas num mesmo patamar, minimizando os riscos e interesses em jogo que, em diferentes níveis, cada qual comporta. A contradição entre a conquista de direitos de cidadania relacionados à reprodução e a imposição de políticas demográficas controlistas, utilizando tecnologias nocivas à saúde das mulheres, abre caminho, principalmente nos países do sul, onde as desigualdades sociais são mais acentuadas, para os direitos transformarem-se em deveres (ibidem).

Trata-se, do meu ponto de vista, de levar a discussão por uma via que proponha uma reflexão permanente das técnicas existentes, trazendo à tona as divergências que as fundamentam, possibilitando que as mulheres e os homens envolvidos saibam quais caminhos estão trilhando e possam verdadeiramente fazer escolhas e não serem induzidos(as) a escolher. Neste processo, as desigualdades sociais dificultam e, na maioria das vezes, impedem o exercício da autonomia individual: por exemplo, a experimentação de novos produtos contraceptivos em mulheres – geralmente pobres e/ou negras – evidencia a falta de ética na busca pelo avanço da ciência, regida pelo princípio que enobrece os fins não importando os meios, reduzindo a possibilidade de decisões individuais.[5]

Quanto às tecnologias conceptivas, as polêmicas se multiplicam (congelamento de embriões, clonagem, fecundação pós-morte),

---

5 No Brasil, 43% dos centros de pesquisa com seres humanos não dispõem sequer de comitê de ética para analisar os projetos (Jornal do Brasil, 18.5.1997).

tornando imprescindível o debate como um "alargamento das competências técnicas e morais atribuídas à profissão médica, de forma a poder melhor definir sua extensão e seus limites" (Novaes, 1995, p.71).

A informação dos efeitos das tecnologias reprodutivas sobre a saúde das mulheres não pode ser ambígua ou incompleta, baseando-se somente na eficácia da técnica disponível, como ocorre frequentemente por parte das instituições de reprodução humana. É necessário que políticos(as), médicos(as), legisladores(as) tenham informações sobre o que pensam e vivenciam as mulheres e os homens que buscam novos meios de evitar filhos(as) – ou de tê-los(as) –, incluindo estas experiências em seus argumentos e/ou pesquisas. A proposta de construir um debate público deve apoiar-se em suas consequências sociais e sobre a saúde, nas questões éticas que suscitam, relacionando-as com a finalidade que estão desenvolvendo.

Os impactos sobre a saúde, tanto no que se refere à contracepção como à concepção, devem ser analisados com base em cada método específico e em seus efeitos colaterais, além de seus fins e usos políticos, sociais, individuais, os quais discutirei a seguir.

Os caminhos da contracepção

Para fins desta reflexão, classifico as tecnologias contraceptivas em três grandes grupos: 1. tecnologias mais avançadas e/ou *pesadas,* como implantes, injeções, esterilização, vacinas antifertilidade (em fase de pesquisa e ensaio); 2. tecnologias mais corriqueiras e/ou *leves,* como pílulas e Dispositivo Intrauterino (DIU). Nestes dois grupos a eficácia dos métodos é o componente básico da argumentação favorável a sua utilização; 3. métodos esporádicos de barreira (diafragma, camisinha masculina e feminina), que conjugam menor eficácia com maior garantia à saúde. Com exceção da camisinha, todos os métodos citados se enquadrariam na classificação genérica de métodos medicalizados modernos, significando os que necessitam

DAR A VIDA E CUIDAR DA VIDA **75**

uma interferência médica sistemática, esporádica ou eventual, em sua prescrição ou em sua utilização.[6]

As pílulas contraceptivas e o DIU, no começo dos anos 60, "constituíram uma revolução na tecnologia contraceptiva. Pela primeira vez na história da reprodução humana, procedimentos eficazes, reversíveis e de fácil utilização" (Sitruk-Ware, 1987, p.511) permitiam o controle seguro da fertilidade. O regozijo dos cientistas e o andamento das pesquisas, evidentemente, não pararam por aí.

As pesquisas sobre contracepção desdobraram-se – e ainda se desdobram –, segundo a própria ótica médica, com diversos objetivos: evitar obstáculos dos métodos existentes; buscar outras vias de administração além da oral; desenvolver sistemas de efeito de longa duração, com facilidade de aplicação, sem perder a eficácia (ibidem, p.512). Segundo esta ótica, elas buscam equilíbrio na relação riscos/benefícios, custo/eficácia, prevalecendo o princípio simplicidade/eficácia/baixo custo para efetivar políticas demográficas direcionadas às mulheres do terceiro e quarto mundos e, também, às mulheres pobres do primeiro mundo; neste caso, os riscos são minimizados.[7] Estas pesquisas investiram em pílulas com doses cada vez mais fracas de hormônios, suavizando seus efeitos colaterais, em DIUs com materiais mais modernos, mas, mesmo assim, "os DIUs foram retirados do mercado americano em consequência de diversos processos contra alguns fabricantes e médicos" (Leridon & Toulemon, 1996).

---

6 A prática de controlar a reprodução é muito antiga e está presente em todas as sociedades. Tanto no início da civilização como nas sociedades ditas primitivas encontram-se relatos da utilização de formas de evitar a concepção (Heritier, 1996, p.332). Mas foi a partir do século XIX, com a industrialização, que estas técnicas foram ampliadas e refinadas, passando a ser controladas pela ciência e pela medicina. O conceito de medicalização formulado por Illich (1975) define a extensão da prática médica pelo tratamento médico nas sociedades industrializadas. Este conceito aponta para a tendência crescente da mediação médica em todas as fases da vida.

7 Esta lógica é analisada detalhadamente por Bretin (1992), a propósito da utilização do contraceptivo injetável na França com mulheres imigrantes e francesas pobres.

Cabe lembrar que o uso das pílulas pode ser perigoso à saúde das mulheres e que os riscos que lhes são associados não devem ser omitidos: contraceptivos combinados e sequenciais estão classificados no grupo 1 da lista dos produtos cancerígenos Iarc-Who (1987), havendo evidências para câncer de seio e de colo do útero. Em contrapartida, costuma-se superestimar o fato de que os contraceptivos orais protegeriam as mulheres do câncer ovariano e endométrico. Acidentes cardiovasculares, cerebrovasculares, tromboembólicos, hepáticos são associados ao uso das pílulas contraceptivas (Dorosz, 1992).

Por outro lado, investiram-se em métodos como Norplant® (implante subcutâneo) e Depo-provera (injetável hormonal) com efeito prolongado, utilização não oral e eficácia assegurada. O Norplant® consiste em seis cápsulas do hormônio sintético levonorgestrel, contendo cada uma 36 mg, implantadas sob a pele do antebraço, podendo ser mantidas por cinco anos. Os efeitos colaterais relatados deste contraceptivo são numerosos: dores de cabeça, enxaquecas, aumento de peso, diminuição ou perda de libido e alterações importantes do ciclo menstrual (aumento, diminuição e interrupção do fluxo) (Dacach & Israel, 1996, p.87-97). A análise médica favorável ao uso deste contraceptivo costuma tratar problemas tais como "náuseas e perda de apetite; sensação de cansaço; dores de cabeça; mudanças de peso, de libido e acne" como "efeitos menores" (Munyakazi, 1989, p.25). Além disso, a aplicação deste contraceptivo corre o risco de causar infecção na região implantada, sendo necessárias condições de assepsia no momento do implante.

A aprovação do uso do Norplant® pela Food and Drug Administration (FDA), nos Estados Unidos em 1990, segundo Correa (1994, p.87), "legitimou sua utilização em outros contextos ... estima-se que 1,5 milhão a dois milhões de mulheres usem implantes no mundo inteiro". Se, em relação ao total das usuárias de métodos contraceptivos, este número é pequeno, ele é suficientemente significativo para ser levado em conta no debate das tecnologias contraceptivas. Além disso, a aprovação da FDA pode ampliar seu uso, pois, segundo Leridon & Toulemon (1996, p.13), ela "tem repercussões além das fronteiras dos Estados Unidos".

DAR A VIDA E CUIDAR DA VIDA **77**

Os contraceptivos injetáveis, conhecidos como Depo-Provera e Noristerat (marcas comerciais), são progestágenos de síntese cuja aplicação é feita por via intramuscular e tem uma duração de três meses. A utilização deste contraceptivo gerou muita polêmica, a qual, segundo Bretin (1992, p.3), estava relacionada "de um lado, à toxidade possível do produto e a seus efeitos secundários a longo termo e, de outro lado, à questão do 'duplo padrão'". Este significando, no caso do injetável, a comercialização do produto nos países do sul e sua proibição nos países desenvolvidos. Os seus efeitos secundários estão relatados em torno de alterações no ciclo menstrual, no peso, na libido e, também, na perda de fertilidade depois da interrupção de seu uso, além de ocorrências de osteoporose. Riscos cancerígenos e teratogênicos também foram observados, especialmente na Tailândia. Cabe lembrar que a homologação do Depo-Provera nos Estados Unidos, pela FDA, só foi dada em 1992 (Bulletin Médical de L'IPPF, 1996, p.1), depois da sua suspensão em 1974 e recusa em 1978 e 1984, o que não impediu que há mais de vinte anos ele venha sendo utilizado em outros países e homologado em mais de oitenta. Conforme analisou Bretin (1992, p.512), o mapa da utilização do injetável esteve estes anos todos concentrado nos países do terceiro mundo.

Se os injetáveis e os implantes não alcançaram utilização quantitativa importante, sendo invisíveis nas estatísticas globais, pois geralmente aparecem na rubrica "outros métodos", eles continuam sendo enquadrados na categoria de métodos do futuro (Sitruk-Ware, 1987, p.512), isto é, práticos de serem usados e eficazes, qualidades consideradas resultantes do avanço da ciência. Neste sentido, as vacinas antifertilidade têm aparecido como a tecnologia mais recente em contracepção:

> a vacina de maior chance de comercialização é a associação do hormônio da gravidez, gonadotrofina coriônica humana, com um toxoide (tetânico ou diftérico). Esse mecanismo imunológico, além de suscitar discussões filosóficas importantes, como, por exemplo, o conceito de que gestação não é doença e de que poderia haver uma utilização eugênica,

pode ter graves consequências de médio e longo prazo para o sistema imunológico levando a doenças autoimunes. (Molina, 1996, p.156)

Enquanto não se comercializam as vacinas antifertilidade, as estatísticas sociodemográficas sobre a utilização de métodos contraceptivos apontam para o fato de que o "método mais frequente no mundo é a esterilização: 15% de mulheres são esterilizadas, às quais se juntam 4%, cujos companheiros submeteram-se a uma vasectomia".[8]

A esterilização feminina é um método de efeitos colaterais à saúde pouco estudado, e, na relação riscos/benefícios, estes últimos pesam mais, pois estão referidos, em geral, a sua eficácia e simplicidade. Todavia, relata-se seguidamente o arrependimento como consequência da esterilização (World Bank, 1990). Molina (1996) lembra que "ao se agredir a trompa acaba-se agredindo a função ovariana que por sua vez leva a um número maior de histerectomias".

É importante lembrar que, se todos estes métodos falharem, as mulheres podem recorrer à interrupção da gravidez e o RU 486 (Mifepristone), conhecido como pílula abortiva, autorizado no mercado francês desde 1991, é a forma mais moderna de realizá-la.[9] A Mifepristone "é um sintético antiprogesterona que pode ser usado para induzir abortos ... ele deve ser usado com uma prostaglandina análoga (sulprostone, gemeprost ou misoprostol) antes de 50 dias de amenorreia" (Thonneau, 1994, p.1-5). O uso desta pílula na França é feito com acompanhamento médico e muitos fatores de risco são observados na indicação, não sendo recomendado para mulheres com gravidez acima de 50 dias, gravidez não confirmada, suspeita de gravidez extrauterina, insuficiência renal, insuficiência hepáti-

---

8 Analisando dados do uso da contracepção para todos os países com mais de 35 milhões de habitantes, que representam 80% da população mundial, tais estatísticas incluíram também mais oito países de menor importância demográfica; quando os dados não se apoiavam em amostra de todas as mulheres casadas (ou em união), em idade reprodutiva, foi feita uma projeção das taxas existentes (Leridon & Toulemon, 1996).

9 O aborto não é uma técnica contraceptiva, ele teria que ser classificado de forma específica por ser um procedimento de interrupção da gravidez em curso.

ca, mulheres desnutridas, fumantes, diabéticas, entre outros (Silvestre & Ulmann, 1990, p.14-7).[10]

A contracepção no Brasil

No contexto da sociedade brasileira, a prática da contracepção concentrou-se, nos últimos anos, em dois métodos eficazes – esterilização e pílula –, o que resultou, no período de uma década e meia, em queda radical da taxa de fecundidade, conforme já foi mencionado no capítulo anterior.[11]

É a prática da esterilização feminina que sai na frente entre os dois métodos, colocando o Brasil entre os países com uma das mais altas taxas de esterilização do mundo, comparáveis às da Coreia do Sul. Em 1991, no Brasil, a taxa de esterilização estimada para as mulheres casadas (ou em união), usando algum método contraceptivo, entre 15 e 49 anos, estava em torno de 35%, em comparação ao índice de 36% da Coreia do Sul, segundo Leridon & Toulemon (1996, p.8).

O segundo método contraceptivo mais utilizado no Brasil é, pois, a pílula (BEMFAM/IRD, 1987). Em 1986, dos 65,8% de mulheres com companheiros, usuárias de contraceptivos, 25,2% usavam a pílula; já em 1996, das 76,7% usuárias de contraceptivos (também com companheiros), 20,7% usavam a pílula (PNDS/BEMFAM, 1997). Este decréscimo do uso da pílula está associado ao aumento da esterilização.

A pílula ainda aparece como a primeira opção contraceptiva na história reprodutiva de muitas mulheres brasileiras, principalmente por não ser um método definitivo. Em pesquisa que realizamos com clientes de postos de saúde do município de Araraquara – SP, em

---

10 A morte de uma mulher de 31 anos em decorrência do uso do RU 486 provocou na França grande debate e controle sobre seu uso.

11 Segundo Leridon & Toulemon (1996), a taxa de fecundidade mundial está mais alta do que três filhos(as) por mulher, mostrando que o uso de contracepção medicalizada alcançou seu objetivo no Brasil, onde esta taxa situa-se em torno de 2,5 filhos(as) por mulher.

1991, 76,7% das mulheres entrevistadas usaram a pílula como primeiro método de suas trajetórias contraceptivas, 32,1% delas pararam de usá-la por motivos relacionados aos efeitos secundários e 28,6% motivadas pelo desejo de ter filhos(as) e/ou por terem ficado grávidas. A maioria destas mulheres, 56,5%, começou a usar este método por indicação médica, enquanto 43,5% delas por indicações diversas, até mesmo por autoindicação.[12]

Tratando-se de uma cidade situada numa região rica do estado de São Paulo, onde os serviços de saúde pública são em média de boa qualidade, as condições de uso de contraceptivos são mais qualificadas do que nas regiões mais pobres do Brasil, e é compreensível que as mulheres passem primeiro pela pílula, por meio de indicação médica – apesar do percentual de autoindicação também ter sido significativo –, recorram a métodos transitórios no segundo momento (camisinha, coito interrompido e tabela) e cheguem finalmente à esterilização, considerada pela maioria destas mulheres um ideal contraceptivo a ser realizado no futuro. Este percurso pode estar indicando que, apesar da prática abrangente da esterilização, as mulheres procuram também alternativas intermediárias. Por outro lado, nesta pesquisa, o DIU também aparece como método intermediário, mas em menor proporção que os demais. Aliás, nos índices nacionais de 1986 e 1991, o DIU mantém-se em torno de 1%, indicando certa estabilidade em seu uso. É um método caro para a grande maioria das mulheres brasileiras e de difícil obtenção nos postos públicos de saúde. Por outro lado, observa-se um aumento do uso da camisinha, que passou de 1,7%, em 1986, para 3%, em 1991.[13]

Em pesquisa sobre "Saúde reprodutiva da população negra em São Paulo em 1991", entre os métodos contraceptivos utilizados pela maioria das mulheres desta população – 58,3% –, a pílula estava em primeiro lugar, com 38,6% de usuárias. Este dado foi comparado por Berquó com outra pesquisa realizada na região Nordeste, onde a

---

12 Na pesquisa "Saúde reprodutiva das mulheres: maternidade e contracepção", foram entrevistadas, numa amostra aleatória, 361 mulheres frequentadoras de serviços públicos e particulares de saúde da cidade de Araraquara, 1998.

13 Dados da pesquisa BEMFAM/IRD/87 e Leridon & Toulemon (1996).

DAR A VIDA E CUIDAR DA VIDA 81

tendência majoritária foi a esterilização feminina: 62,9% de usuárias de contraceptivos declararam ter se esterilizado e 23% utilizavam a pílula. Estes dados apontam para a existência de variações nas práticas contraceptivas, de acordo com o desenvolvimento socioeconômico da região.[14] Mas não podemos, tampouco, afirmar que exista uma relação automática entre grau de desenvolvimento socioeconômico e prática contraceptiva: basta lembrar que nos Estados Unidos e no Canadá a esterilização feminina e masculina são os métodos mais utilizados, porém em proporção menor que no Brasil, considerando que nestes países existe variedade maior de métodos empregados. Além destas exceções, as estatísticas mostram que a maioria dos países desenvolvidos ainda utiliza muito pouco a esterilização como método contraceptivo.[15]

Conforme um estudo de comparação internacional que realizamos, no começo dos anos 90, sobre utilização dos métodos contraceptivos, na França e no Brasil, verificamos: a esterilização feminina não é considerada método neste país e não figura nas estatísticas como tal (Scavone et al., 1994). Observamos, também, que as prescrições das pílulas seguem lógicas diferentes nos dois países: na França, é feito um acompanhamento médico e a venda é estritamente controlada. No Brasil, as condições de utilização da pílula aumentam os riscos deste método à saúde das mulheres: são vendidas livremente nas farmácias sem receita nem acompanhamento médico; todos os tipos de pílulas são disponíveis, mas com grande variedade de preços entre as mais dosadas e as menos dosadas,[16] evidenciando os

---

14 Berquó, E.; Araújo, M. J.; Sorrentino, S. *A transição da fecundidade e o custo em saúde por parte das mulheres*: o caso do Brasil. São Paulo, CEBRAP, 1994, mimeo. Na pesquisa BEMFAM/IRD/86, aponta-se que a esterilização é mais frequente nas regiões mais pobres do país.

15 Novaes & Biélgemann-Massari (1997) mostram que existe maior adesão dos países industrializados recentes aos métodos medicalizados, ao passo que nos países de industrialização antiga, onde já se realizou o controle da fertilidade com métodos tradicionais, continuam a manter a prática destes últimos.

16 As pílulas de baixa dosagem representam 85% dos contraceptivos orais vendidos nos países desenvolvidos e 65% nos países em desenvolvimento (World Bank, 1990).

paradoxos sociais, políticos e econômicos dos avanços obtidos pela ciência.

Quanto a outros métodos hormonais, o Norplant® foi utilizado no Brasil de 1984 a 1986, numa pesquisa sob coordenação do Centro de Pesquisa e Controle das Doenças Materno-Infantis (Cemicamp) da Universidade de Campinas, e vinte outros centros foram credenciados em todo o Brasil para realizarem a experiência, tendo 3.562 mulheres participado (Israel & Dacach, 1993). A pesquisa foi cancelada em 1986 pela Divisão Nacional de Vigilância Sanitária de Medicamentos (Dimed), em virtude de uma "série de irregularidades relativas à não observância de critérios mínimos exigidos para a realização de uma pesquisa com seres humanos" (Israel & Dacach, 1996).[17]

Os contraceptivos injetáveis Depo-Provera e o Noristerat não são homologados no Brasil. Entretanto, uma combinação de estrógenos e progesterona sob forma de injeções mensais é autorizada e vendida livremente nas farmácias, indicada para "tratamento progestativo", com uma dosagem muito maior que a recomendada na França, por exemplo. Estas injeções aparecem nas estatísticas nacionais aglomeradas na rubrica "outros métodos" (*billings*, vasectomia, diafragma, métodos vaginais) (Scavone et al., 1994).

Todos estes dados, conjugados à tendência mundial da consolidação da esterilização como prática contraceptiva, mostram que entre os contraceptivos mais pesados no Brasil a esterilização foi a que obteve maior sucesso, provavelmente por ser o mais oferecido no mercado e pelo fato de seus efeitos colaterais não serem tão evidentes.

Os novos rumos da concepção

As pesquisas na área tecnológica que possibilitam a reprodução fora da relação heterossexual se desenvolveram buscando resolver problemas da infertilidade humana, entretanto a elaboração que al-

---

17 Uma das mulheres que se submeteram a esta experiência no Rio de Janeiro teve menopausa precoce – aos 33 anos – e entrou com um processo judicial contra a clínica da BEMFAM que lhe fez o implante (Faria, 1996).

cançaram criou um verdadeiro mercado de procriação, ampliando o campo das pesquisas com embriões (Testart, 1990; Laborie, 1992). A Inseminação Artificial Intraconjugal (IAC) ou a Inseminação Artificial com Doador de Esperma (IAD), a fecundação in vitro (FIV) – com o nascimento de bebês de proveta – envolvem uma série de novos atores na reprodução, entre os quais os médicos, os doadores anônimos de esperma, as mães de aluguel, extrapolando a relação do casal. Além disso, as Novas Tecnologias de Concepção (NTCs) possibilitaram situações antes presentes só na ficção científica, como maternidade e paternidade pós-morte, gravidez na menopausa, clonagem de seres humanos (Oliveira,1996; Rotania, 1993), entre outras, dando margem a problemas éticos e sociais consideráveis (Novaes & Salem, 1995).

As consequências das NTCs para a saúde das mulheres e das crianças foram analisadas detalhadamente por Laborie (1996) no processo de bloqueio e depois estimulação ovariana, punção dos óvulos fecundados, transferência dos embriões, gravidez e parto. Ela verificou, em sua pesquisa, perda da densidade óssea, formação de quistos ovarianos, reações anafiláticas. A estimulação ovariana, segundo a autora, provoca patologias iatrogênicas (isto é, doenças causadas pelo tratamento médico e/ou uso de medicamentos) que podem ser a causa da esterilidade. Laborie (ibidem) mostra os muitos efeitos da síndrome da estimulação ovariana, cujas consequências mais graves seriam acidentes cerebrovasculares, torsão dos ovários, função anormal do fígado, trombose das veias profundas. Cita os riscos de cânceres diversos ligados a uma medicação à base de estrógenos, lembrando, conforme Palmund (1991), o longo período de latência das doenças causadas pelos estrógenos – cerca de vinte a trinta anos – e os numerosos estudos que buscam verificar a incidência destas doenças como "uma indicação do fato que a prevalência das doenças iatrogênicas não é insignificante" (Laborie, 1992, p.487). Para os bebês, os riscos relatados não são menores: alta incidência de prematuridade, mortalidade neonatal e defeitos físicos importantes.

Se considerarmos que a prática das NTCs nos países do norte tem fundamento nas políticas natalistas, considerando a baixa fecundidade destes países, observaremos que no Brasil, ao contrário, ela coexiste com uma política de controle demográfico: se, de um lado, as mulheres esterilizam-se baixando a fecundidade, de outro elas buscam as NTCs para reparar a esterilização, indicando que o desejo de procriar reaparece em fases distintas do ciclo reprodutivo. Os programas de esterilização em massa das mulheres brasileiras podem gerar uma demanda potencial destas mulheres pela reprodução assistida e, também, das mulheres que ficaram estéreis em consequência do uso de contraceptivos *pesados*. Estaremos, em futuro breve, mergulhados(as) em políticas natalistas graças aos impactos das políticas controlistas até então aplicadas?

Observa-se, no contexto brasileiro, ampliação da oferta e também maior procura pelas NTCs, mostrando a adesão das mulheres – e dos homens – a esta solução tecnológica, conforme mencionado no capítulo anterior. Além disso, eles incitam o debate para o esclarecimento do saldo social e individual deste avanço, considerando todos os riscos relatados. Sua reivindicação como direito, feita por uma corrente do feminismo, parece-me prematura, uma vez que se desvia do debate principal que, a meu ver, deve ser feito em torno das condições de experiência das NTCs, das questões éticas implicadas e de suas consequências à saúde das mulheres.

O ciclo das tecnologias reprodutivas: o corpo distanciado

Com a expansão das tecnologias reprodutivas a experiência da maternidade e, em alguns casos, da paternidade, passou a ser cada vez mais mediada pelas técnicas disponíveis, que, por sua vez, são arbitradas pela medicina – pelos médicos – e pela ciência em geral (De Koninck, 1995).[18] Entre os métodos relatados, a pílula, com sua ingerência cotidiana, faz com que as mulheres tenham ainda algum

---

18 A autora levanta a hipótese de que a adesão das mulheres à "gestão biomédica do corpo" significa a busca por um controle de suas vidas e de seu futuro, em uma nova esfera de afirmação de situação social.

controle sobre a fertilidade de seus corpos. Os outros métodos como o DIU, a esterilização, implantes ou injeções agem sem que as mulheres necessitem lembrar-se deles, afastando-as de seus corpos: a fertilidade passa a ser controlada pela tecnologia utilizada.

Neste processo, oculta-se a lógica de adesão à modernidade, que se desdobra em numerosas consequências na vida cotidiana. Implica, entre outras coisas, diminuir o número dos filhos(as), mas também continuar a tê-los(as); solucionar problemas ligados a projetos de vida, a desejos profundos e ao próprio corpo – este que é objeto por excelência das tecnologias. Pressupõe, em última instância, ceder à lógica do tempo industrial, da eficácia, dos resultados imediatos.

No caso do Brasil, esta adesão indica também a entrada das mulheres brasileiras ao que denomino ciclo das tecnologias reprodutivas: contracepção medicalizada, parto cirúrgico, esterilização e reprodução assistida. O elo deste encadeamento se faz pela razão de que existe uma solução tecnológica para a reprodução humana: não querendo filhos(as), as mulheres – e seus companheiros – recorrem às tecnologias contraceptivas; ao tê-los, recorrem ao parto cirúrgico; ao querê-los, recorrem às tecnologias conceptivas. Este ciclo constrói-se, também, com base na constatação de que o uso de uma tecnologia pode gerar a necessidade do uso de outra: por exemplo, o aumento da esterilização no mundo e o seu alto índice no Brasil, entre mulheres jovens, podem provocar busca frequente pela concepção artificial, alimentando o consumo da reprodução assistida. Entretanto, esta adesão é permeada pelas profundas desigualdades sociais existentes no país, expressas, neste caso, no acesso desigual aos serviços de saúde e às tecnologias de ponta.

Além disso, a imposição das técnicas de controle a que se refere Marcuse (apud Habermas, 1973) seria efetivada, no caso das tecnologias reprodutivas, pelo estabelecimento de um modelo médico-científico para a reprodução humana. Este processo implicaria a adesão e a recusa ao modelo dominante, conforme mencionei inicialmente. Neste sentido, chamo a atenção para as mulheres que não se esterilizam, não fazem parto cirúrgico, amamentam seus filhos(as), indicando-nos que a tendência dominante da razão tecnológica não se dá sem contradições, seja por ausência de condições objetivas de colocá-la em prática seja por motivos subjetivos e/ou culturais, religiosos, sociais, políticos que podem impossibilitar seu uso.

Se as opções tecnológicas contraceptivas e conceptivas aumentaram em número, não o fizeram ainda em qualidade e alcance. Espalharam-se, mas não de forma unânime: experiências de cada país e região impossibilitam a emergência de um único padrão de reprodução,[19] o que reafirma a ideia de que embora as práticas reprodutivas se imponham em quantidade no mercado, devem ser analisadas, também, no plano da intersubjetividade, isto é, da relação entre aqueles(as) que as utilizam.

Entretanto, apesar de todas as contradições deste processo, o padrão tecnológico dominante tende a se impor – por meio de um modelo de sociedade que se pretende universal –, transformando a vida privada das pessoas, conforme colocou Giddens (1994). Como exemplo, é possível dizer que o planejamento seguro dos nascimentos modificou a vida de milhões de mulheres – e casais – em todo o planeta.

Por outro lado, se os avanços da contracepção contribuíram para separar a sexualidade da reprodução, dando maiores possibilidades às mulheres para conquistar autonomia social e econômica, trouxeram consigo também o estigma da doença à fecundidade. A contracepção moderna, além de tratar a fecundidade como doença, provocou, por sua vez, diversas doenças decorrentes dos próprios medicamentos que ela utilizou. Além disso, as NTCs conseguiram separar definitivamente a sexualidade da reprodução e tirar das mulheres o papel de principais autoras da reprodução, apesar de seus corpos ainda serem o principal caminho para se chegar à vida.

Em síntese, a prática destas tecnologias é reveladora das desigualdades sociais e sexuais, as quais o modelo de sociedade globali-

---

19 Leridon & Toulemon (1996) acreditam que as barreiras políticas, jurídicas e culturais estão caindo rapidamente e que a difusão rápida acompanhará uma diminuição de diferenças entre os diversos países, em direção a um padrão universal e único de reprodução.

zada tenta mascarar. Situações de maiores riscos à saúde das mulheres ficam evidenciadas no contexto brasileiro pela ausência de serviços de saúde de qualidade. As usuárias que não tiveram acesso à instrução dificilmente terão acesso à informação: usam as pílulas sem receita médica, são cobaias de experiências de novos produtos contraceptivos ou, ainda, utilizam indiscriminadamente o Cytotec como abortivo.

Ressaltam-se, assim, as contradições desse consumo. As tecnologias reprodutivas na sociedade brasileira, de um lado, possibilitam às mulheres a livre escolha da maternidade e maior autonomia individual. De outro, acarretam consequências para a saúde das mulheres, que são minimizadas por razões econômicas, sociais, políticas, demográficas e subjetivas, razões estas que, por sua vez, estimulam o uso destas tecnologias.

Os limites da autonomia individual na escolha destas tecnologias são dados pelas próprias desigualdades sociais e sexuais que refletem a exclusão social e a dominação masculina: os métodos *pesados*, considerados mais eficazes, são oferecidos como panaceia dos males socioeconômicos às camadas desprovidas da população, atingindo o corpo e a saúde das mulheres. Do mesmo modo, a pequena e controlada oferta das técnicas conceptivas, em clínicas públicas, às mulheres de baixo poder aquisitivo cria a ilusão do acesso igualitário a um procedimento de ponta que, pelo seu alto custo no setor privado de saúde, torna-se simbolicamente valorizado.

É importante lembrar que as transformações ocorridas nos padrões de maternidade e de parentalidade – pais e mães – nas sociedades industrializadas do norte são igualmente observáveis no Brasil: elas também definem a demanda pelos métodos contraceptivos modernos e pela reprodução assistida. Entretanto, a busca pela realização da maternidade – e/ou da parentalidade – não se faz sem conflitos: desde a decisão de querer ou não ter filhos(as) até o assumir os efeitos secundários à saúde pelo uso das tecnologias reprodutivas disponíveis, as mulheres percorrem uma trajetória que as coloca no clássico dilema vida familiar *versus* vida profissional e continuam sendo as principais artífices deste processo. Nesta trajetória, os conflitos – sobretudo para as mulheres que estão mais informadas – manifestam-se em torno da escolha do melhor método, das pressões sociais para utilizá-lo, da culpabilidade que podem sentir por não terem aderido às tecnologias oferecidas, ao engravidarem sem o desejar.

Observando os dados acima, verificamos também nessa situação a invisibilidade dos homens. Nas relações de gênero, a prática da contracepção ou da concepção só lhes diz respeito no que tange às questões afetivas: os novos produtos oferecidos no mercado são dirigidos às mulheres. Com exceção da camisinha que aparece cada vez mais nas estatísticas gerais como método contraceptivo em razão das campanhas de prevenção da AIDS e, em alguns países, da esterilização masculina, a contracepção masculina encontra muitas dificuldades de avanço. Com isto, reafirmo a ideia de que estas tecnologias são direcionadas quase exclusivamente para as mulheres, embora a produção, a difusão e o controle estejam majoritariamente com os homens.

Esta constatação evidencia que as relações de gênero, na vivência da sexualidade e da reprodução, estão marcadas pela prática desigual das tecnologias reprodutivas: as mulheres continuam assumindo as questões reprodutivas, vivendo antigos conflitos na decisão da maternidade, apesar das numerosas técnicas oferecidas no mercado. A ampliação da oferta cria a ilusão de que é possível escolher, aumentando os conflitos e a responsabilidade das mulheres no que tange à reprodução. Além disso, esta livre oferta esbarra nas profundas desigualdades sociais existentes no Brasil, limitadoras da autonomia dos indivíduos.

Estas questões levam-nos a reiterar a importância da ampliação do debate público sobre as vantagens e desvantagens destas tecnologias, suas condições de uso, implicações subjetivas, sociais e éticas, buscando fornecer elementos para tornar exequível a noção de cidadania reprodutiva.

5
IMPACTOS DAS TECNOLOGIAS MÉDICAS NA FAMÍLIA[1]

O objetivo deste capítulo é analisar a crescente interferência das tecnologias médicas na estrutura e na organização da família. Para tanto, utilizo como referência um país do norte, a França, onde as tecnologias de ponta alcançaram alto grau de elaboração, e o Brasil, país do sul, submetido à transferência das tecnologias dos países do norte em diversos setores sociais, até no setor médico. Busco ressaltar tanto os aspectos comuns como os específicos de cada um dos dois países, sem realizar uma comparação termo a termo, tendo em vista que a presente reflexão utiliza dados de pesquisas já existentes sobre o assunto.

O desenvolvimento da tecnologia médica para a reprodução humana acompanhou a expansão industrial. A pílula, o DIU, os implantes, as injeções e as vacinas contraceptivas são produtos das sociedades industrializadas modernas. Da mesma forma que o aperfeiçoamento das técnicas abortivas – por aspiração, ou por meio da utilização do RU 486 que dispensa a intervenção, mas necessita do acompanhamento médico –, constituem soluções técnicas relativamente seguras para interromper uma gravidez indesejada.

---

1 Artigo publicado na revista *Saúde em Debate*, n.40, 1993, p.48-53.

Alguns dos resultados do desenvolvimento das tecnologias médicas reprodutivas estão associados com a busca de soluções para problemas concretos, por exemplo a introdução da cesariana em partos difíceis. Outros, como a ultrassonografia, difundiram-se sem que as vantagens de seu uso tivessem sido provadas (Dagnaud & Mehl, 1987).

Por outro lado, a busca de solução para a esterilidade ultrapassou seus limites, levando-nos a uma humanidade fabricada em laboratório e criando outros problemas de ordem ética, jurídica e familiar etc.

Essas tecnologias atingem diferencialmente os países do norte e os do sul, as classes sociais e os sexos. Entretanto, a adesão a elas se passa, sobretudo, no cruzamento de duas instituições: a medicina e a família, numa relação complexa de oferta e consumo. No centro dessas negociações encontram-se as mulheres, para as quais, via de regra, tais tecnologias estão dirigidas.

Medicalização da e na família: quais são os riscos?

A situação socioeconômica-cultural da família nas sociedades industriais modernas (família operária, assalariada média, burguesa etc.) influencia em diversos níveis o consumo das tecnologias médicas. O recurso a essas tecnologias vem causando mudanças nos diferentes grupos familiares. Vejamos basicamente como isso ocorreu e quais os riscos implícitos do excesso, ou da falta, da utilização dessas tecnologias na saúde das mulheres e da família.

Tecnologias contraceptivas

Num país do norte como a França, onde a utilização de técnicas contraceptivas está associada à noção de direito individual adquirido por meio de lutas coletivas, a adesão aos métodos contraceptivos medicalizados é maciça e atinge todas as classes sociais, portanto famílias de diferentes padrões socioeconômicos (Toulemon & Leridon, 1992). Uma pesquisa do INED/1988 (Instituto Nacional Estudos Demográfico Francês) demonstrou que 64% das mulheres – entre 18 e 49 anos – utilizavam um método contraceptivo, e, dessas, 31% utilizavam a pílula e 17%, o DIU.

Nas análises dos cientistas, este dado revela um domínio da fecundidade – *maîtrise de la fécondité* – obtido por contraceptivos medicalizados (Toulemon & Leridon, 1992), assegurando às mulheres – e, em decorrência, aos casais – eficácia contraceptiva quase absoluta, cujos efeitos se fizeram sentir na organização e na estrutura familiar. Segundo Gavarini (1987), esta *maîtrise* acarretou nova relação das mulheres – e da família – com a reprodução e a crescente demanda de intervenção médica. Assim, quanto mais mecânico o método contraceptivo, menor é o controle da mulher sobre ele e maior é o controle do médico. Os métodos como o DIU, a esterilização, implantes ou injetáveis, agem sem que a mulher necessite de uma ingerência cotidiana e necessitam da intervenção médica, seja no início de sua utilização seja em acompanhamento posterior.

No interior da família, esta nova relação com a fecundidade significou a passagem de uma maternidade inevitável a uma maternidade escolhida, que deu lugar, por sua vez, a uma nova normalização, o que é bem visível em um país como a França (Ferrand, 1982). O discurso e a prática médica vão permear os padrões de segurança e equilíbrio familiar, tais como a idade ideal para a procriação (Langevin, 1986), o número ideal de filhos, o intervalo ideal entre eles, além de outros aspectos, como a boa qualidade da concepção (Ferrand, 1982). O direito individual de escolha na constituição de uma família encontra seus limites nas próprias normas e nos padrões familiares ditados pela instituição médica.

A utilização das modernas técnicas contraceptivas também é significativa no Brasil: em 1988, 59% de mulheres – entre 15 e 49 anos, em união – utilizavam contraconcepção, e, neste percentual, 29% empregavam a esterilização feminina, e 22% a pílula (IBGE/PNAD/86). Entretanto, esta difusão não teve o mesmo caráter de *direito adquirido*, como na sociedade francesa. Não é possível

92 LUCILA SCAVONE

tratar dos efeitos da introdução da tecnologia médica no Brasil sem lembrar a situação socioeconômica do país; o processo de industrialização que se acelerou nos últimos quarenta anos, mas sob dependência econômica e tecnológica dos países do norte, o aumento do endividamento externo e das desigualdades sociais. Assim, a difusão das modernas técnicas contraceptivas no Brasil assume caráter próprio: faz parte da política dos países do norte que considera a diminuição da população dos países devedores um dos principais alvos políticos a serem atingidos na resolução de seus problemas socioeconômicos (George, 1990). Portanto, o que é tratado na França como domínio da fecundidade, no Brasil é questão de planejamento familiar (Scavone et al.,1994).

Se este planejamento familiar é obtido pela difusão da contracepção medicalizada, isto vai ocorrer de maneira ambígua. Primeiro porque, tendo em vista o precário funcionamento dos serviços públicos de saúde no Brasil e a forma como neles estão difundidos os métodos contraceptivos modernos para a grande maioria das mulheres (e famílias) – pílulas contraceptivas disponíveis sem receita médica nas farmácias ou em clínicas da BEMFAM, disponibilidade de esterilização gratuita em centros de planejamento familiar, subvencionados pela International Planned Parenthood Federation (IPPF) –, a adesão a estes métodos representa riscos consideráveis para a saúde das mulheres (Berquó, 1989a, Cadernos Cecf, 1986).[2] Em segundo lugar, porque a noção de prática de planejamento familiar oferece a ilusão de escolha e, com ela, a ilusão de mudança. Neste caso, a escolha é limitada a dois métodos, e a mudança do padrão de vida das famílias, via diminuição da prole, ainda está longe de acontecer.

Seguindo padrões vigentes dominantes das sociedades industriais modernas quanto ao tamanho ideal de família – dois a três filhos –, os discursos dos médicos no Brasil costumam legitimar este modelo, além de associá-lo – sobretudo para as famílias pobres – com a busca

---

2 Sabendo-se que normalmente riscos de trombose, acidentes cardiovasculares, câncer do colo do útero e do seio, estão associados à utilização de pílulas contraceptivas e, sobretudo, pílulas com doses altas de etnilestradiol (50mcg), como as vendidas livremente no mercado brasileiro (Scavone et al., 1994).

de melhor qualidade de vida. De fato, as dificuldades materiais da grande maioria da população brasileira[3] fazem que essa lógica seja inteiramente assimilada pelas camadas populares que consomem o que lhes é oferecido. No entanto, cabe lembrar que o problema não é aderir ao modelo de família reduzida, mas sim a ocorrência da *forma* dessa adesão no Brasil. Os impactos de técnicas radicais, como a esterilização feminina em grande escala, são ainda difíceis de prever para a família. Algumas indagações se fazem necessárias. Na pesquisa BEMFAM/IRD/86, 19% das mulheres, em união, entre 25 e 29 anos, tinham se esterilizado. A adoção desse método em plena vida reprodutiva implica a recusa definitiva de procriar e, no caso de divórcio e novo casamento, esta nova família será reduzida ao casal (salvo em caso de reprodução artificial bem-sucedida ou adoção). Tendo em vista que a mesma pesquisa indica que 3% das mulheres esterilizadas têm um filho, cabe interrogar: quais as perspectivas para a *escolha da maternidade* ao longo da vida reprodutiva dessas mulheres?

Estudos sobre famílias mostraram que um dos primeiros objetivos desta instituição é sua continuidade pelas várias gerações (Deleury, 1988). O que representará para as famílias esterilizadas o rompimento da possibilidade de continuidade? A valorização social da família biológica cederá lugar a um novo tipo de família?[4] Estas perguntas, em um contexto mais amplo, situam a família em plena fase de mutação (Commaille, 1991). Se a utilização das tecnologias médicas pela família reflete em si uma mudança social, também é fator de mudança na família.

---

3 O Brasil continua levando o título de "campeão das desigualdades sociais". O último Relatório do PNUD 2003 (Programa das Nações Unidas para o Desenvolvimento) indica que 10% das famílias mais ricas têm setenta vezes a renda dos 10% mais pobres. O país, também, apresenta grandes desigualdades regionais: a pobreza na região Norte, por exemplo, aumentou na última década, passando de 36% em 1990 para 44% em 2001, enquanto, nas outras regiões, decresceu.

4 Interessante observar que são os estudos sobre reprodução artificial que analisam mais de perto estas questões, partindo da constatação de que a filiação biológica é uma referência simbólica e uma norma cultural (Deleury, 1988) e a fecundação artificial (e a esterilização, acrescento eu) representa uma ruptura deste tipo de filiação.

Tecnologias para gravidez e parto

A oferta das tecnologias médicas para a gravidez e o parto não só tem aumentado consideravelmente nos últimos anos como tem demonstrado o grau de elaboração que alcançaram. Em poucos anos, a gestação e o nascimento entraram na era da *maîtrise médicale* (domínio médico): uma série de procedimentos técnicos é utilizada para garantir o sucesso da concepção. Entre estas técnicas, o acompanhamento do crescimento do feto pela ultrassonografia faz parte da rotina pré-natal: a possibilidade, para o casal, de ver a criança antes de nascer, de filmá-la, de saber qual o seu sexo, de sentir mais segurança quanto à qualidade da concepção, preparando-se material e psicologicamente para a sua chegada, constituem elementos novos na vida familiar, mas já suficientemente normalizados.

Na França, a ultrassonografia está cada vez mais aprimorada, sendo possível detectar más-formações como anencefalia, hidrocefalia, má-formação cardíaca, renal etc. (Dagnaud & Mehl, 1987). Ela também pode ser indicativa para a realização da amniocentese, exame que, entre outros objetivos, detecta o mongolismo (Aime & Julian, 1991). O bom nível de informação ecográfica depende da competência e da habilidade de leitura profissional, da sofisticação do aparelho utilizado e do momento da gravidez em que ela é realizada (ibidem). Por outro lado, desconhece-se ainda hoje se a ultrassonografia pode causar efeitos nocivos para a criança (Dagnaud & Mehl, 1987).

A medicalização da gravidez traz consigo a emergência da noção de *gravidez de risco*. Esta noção, segundo Ferrand (1982a), é o elemento central da tendência crescente e abusiva de medicalizar a gravidez: este abuso consiste em fazer uma ligação mecânica das probabilidades estatísticas com os casos individuais. Com efeito, observa-se uma tendência na literatura médica recente de considerar a gravidez um risco. A tecnologia médica apresenta-se como possível resposta ao controle desse risco, buscando alcançar a *maîtrise du risque* (autocontrole do risco) ligada ao nascimento (Minkowiski, 1987). Esta lógica, levada ao extremo, passa a justificar a utilização incondicional de toda e qualquer tecnologia médica nos nascimentos.

Para a mulher e a família, isto significa não só maior reflexão na decisão de ter uma criança, como também menor autonomia na vivência da gravidez e do parto. A demanda das famílias por um diagnóstico pré-natal mais sofisticado é considerada, em estudos de avaliação dele, como uma evolução no padrão de exigência familiar quanto à qualidade da procriação (Aime & Julian, 1991). A noção da probabilidade indiferenciada do risco na gravidez tende a subestimar outros fatores importantes de riscos resultantes de determinados trabalhos e profissões (Romito & Hovelaque, 1987) e das condições socioeconômicas da mulher.

No Brasil, ao mesmo tempo em que 14,4% das mulheres grávidas não têm cobertura pré-natal (PNAD/1996), a introdução da tecnologia para prevenção pré-natal e para o parto já se faz sentir. Mas o acesso a este tipo de tecnologia é maior para as famílias que podem pagá-lo, assim como a qualidade dos exames também se diferencia segundo esse critério. Neste contexto, a utilização destas técnicas é um privilégio, não um direito, ao mesmo tempo em que divulga um padrão de modernidade inacessível à maioria da população. Daí decorre supervalorização da tecnologia médica e maior aceitação e justificação de seu uso.

A expansão das cesarianas no Brasil é um exemplo disto. Em 2001, 38% dos partos hospitalares foram feitos por cesariana, segundo o Ministério da Saúde. Além do fato de três quartos das cesáreas terminarem em uma esterilização, existe o consenso cada vez mais frequente por parte dos médicos e das mulheres das vantagens desse tipo de parto (Ferreira, 1990).

Na França, as cesarianas representam 11% do total dos partos (Dagnaud & Mehl, 1987). Em determinados casos – sofrimento fetal, risco de vida para o bebê, para a mãe etc. –, a cesariana é uma técnica eficaz a ser utilizada. Entretanto, optar pela cesariana sistematicamente sem indicação terapêutica significa para as mulheres, além da medicalização integral do parto (ato cirúrgico com todas as suas implicações), a transferência para o médico do ato e da responsabilidade de dar à luz. A acolhida do(a) recém-nascido(a) na família é intermediada pelo cirurgião, que passa a fazer o parto no lugar da mulher. Esta inversão de papéis legitima o poder e a relação da medicina na e com a família. O que anteriormente era da ordem familiar passa ao domínio do médico: mesmo a participação do marido, ou de outros membros da família, na sala de parto se faz sob autorização da instituição médica (Frydman et al., 1991-1992).

O desejo de procriar: a quem pertence?

O conjunto das técnicas que possibilita a reprodução fora da relação sexual permitiu aos casais inférteis realizarem a procriação utilizando material genético próprio, ou de doadores. Estes métodos introduziram novos atores na reprodução, dando lugar a uma série de questionamentos relacionados ao casal, ao desejo de procriar e à própria família.

Segundo Gavarini (1987), a procriação com acompanhamento médico (do francês: *procréation médicalement assistée* – PMA) apropriou-se, em certa medida, do *desejo de procriar* da família, não dando o tempo necessário ao casal para viver sua própria esterilidade, ou sua superação. A autora lembra que alguns centros franceses de tratamento da esterilidade propõem a fecundação *in vitro* (FIV) seis meses depois da parada do uso de contraceptivos, tempo muito exíguo para um diagnóstico de infertilidade. A apropriação da infertilidade familiar pela medicina tende a reeditar a norma do *dever de procriar,* já que a *fertilidade artificial* torna-se disponível como mercadoria. As noções de infertilidade e de desejo de procriar passaram a ser normalizadas pela medicina (ibidem).

Além disso, os novos métodos de reprodução humana causaram impactos nos papéis tradicionais da filiação e mudanças na organização e na estrutura familiar. A fragmentação do papel da mãe é um dos impactos mais evidentes para a *família artificial* (Snowden & Mitchell, 1984). A maternidade biológica já não é o primeiro critério que designa uma mãe. Os vários tipos de *mãe portadora*, analisa-

DAR A VIDA E CUIDAR DA VIDA **97**

dos por Laborie (1992), apresentam a ideia dos novos elementos maternos: mãe portadora simples, a mulher inseminada pelo esperma do futuro pai social, levando a gravidez a termo e dando a criança ao casal que a solicitou; mãe portadora verdadeira – assim denominada pelos médicos –, mulher fértil no útero da qual são implantados um ou vários embriões obtidos pela FIV com os óvulos e espermas das pessoas que vão educar a criança. Esta mãe vai assegurar a gestação da criança e após seu nascimento entregá-la aos pais.

Por outro lado, a paternidade pode ser definida por um critério: a origem do espermatozoide. Esta confusão de papéis pode causar problemas não só de ordem ética[5] e jurídica, para os quais novas legislações estão em elaboração nos países do norte, como também pode gerar impactos na própria definição dos papéis familiares clássicos: a concepção não se limitará mais aos genitores, já que pode ser independente do ato sexual (Novaes, 1991).

A priori, a problemática da NTR pode ser considerada como do primeiro mundo. De fato, a expansão destas técnicas nos países desse bloco é considerável. Na França, desde o começo da FIV até março de 1988, 3.879 crianças nasceram por meio desta técnica ou associadas a ela (Laborie, 1989). Mas não devemos esquecer que elas são também aplicadas no terceiro mundo,[6] com todos os efeitos perversos que a transferência de tecnologias pode causar nestes países.

Em suma, ressalta-se não só o grau de sofisticação que as tecnologias médicas reprodutivas alcançaram, mas também como podem interferir em diferentes níveis, na vida reprodutiva do grupo familiar

---

5 Segundo Delaisi de Parseval (1992), as duas principais questões éticas na França, o anonimato e a gratuidade dos doadores de esperma, não garantem por si uma postura ética: o anonimato, segundo ela, protege os interesses dos médicos e de alguns pais, mas não os interesses das crianças que vão nascer, que não terão jamais acesso a suas raízes. Por outro lado, ela lembra que se o doador não recebe remuneração, o esperma, tal qual um remédio, é reembolsado pelo seguro social (Laborie, 1989).

6 Thébaud-Mony (1980) ressalta o fato de que o segundo bebê de proveta nascido no mundo foi na Índia, em 1978. Dois anos antes, o governo daquele país adotou um programa nacional de controle da população que recomendava a esterilização dos casais para controlar a explosão demográfica.

e da mulher, *sujeito-eixo* desse grupo. Muito dos *habitus*[7] da família que dizem respeito à reprodução foram modificados pelo consumo de tecnologias e algumas categorias importantes do privado – sexo, procriação, maternidade e paternidade biológica – passam, cada vez mais, pelo crivo da instituição médica.

Da máxima do movimento feminista francês dos anos 70 – *un enfant, si je veux, quand je veux* (uma criança se eu quiser, quando eu quiser) –, que reivindicava o direito da livre escolha da maternidade, chegou-se ao final dos anos 80 com *les enfants que je veux, si je peux* (as crianças que eu quiser, se eu puder), exigindo a não imposição da maternidade pelas NTCs.

Em toda esta trajetória, o que mudou para a família? Pode-se dizer que os laços de família–medicina se estreitaram: assim, temos a medicalização do *não desejo da criança* (contracepção); *do desejo* (PMA); *da espera da criança* (do feto e da sua chegada ao mundo). Intervindo na composição e na estrutura da família, as tecnologias médicas contribuem para a criação de novos arranjos dos papéis familiares: mãe que pare mas que não gera, ou mãe que gera mas que não pare; mãe que gera, mas não cria; pai que gera, mas é anônimo; pai que cria, mas que não gera.

Por outro lado, a utilização da esterilização – cada vez mais generalizada no mundo como método contraceptivo (OMS, 1992) – não estaria também sendo uma forma de abrir espaço aos bebês de proveta e, assim, a um novo tipo de família? Não só para as famílias estéreis, mas também para as famílias esterilizadas, a solução estaria na criação da família artificial?

Subjacentes à aplicação dessas tecnologias, estão as desigualdades sociais e sexuais que selecionam os sujeitos implicados. Assim, dependendo do *status* social da família e de sua capacidade real e seletiva de consumo, ela poderá beneficiar-se ou não das tecnologias existentes. Cabe também lembrar as desigualdades entre os países do norte e do sul e a forma como as tecnologias médicas são aplica-

---

7 *Habitus*, como conjunto de disposições adquiridas, no sentido dado por Bourdieu (1992) ao termo.

DAR A VIDA E CUIDAR DA VIDA **99**

das em cada país: muitas vezes, o excesso da utilização nos primeiros contrasta com a falta total destas técnicas nos segundos.

Na França, a questão da utilização destas tecnologias gira sempre em torno de uma obsessão pela *maîtrise du risque*, pela busca de uma sociedade sem *handicap* (Grenier, 1988), em que a medicina ocupa papel central no processo. No Brasil, trata-se da adoção de um padrão de modernidade do consumo médico, irreal para a grande maioria da população, exceto na medida em que diz respeito ao planejamento familiar.

Nos dois países, as experiências das tecnologias reprodutivas – da contracepção ao bebê de proveta – continuam se fazendo no corpo das mulheres.[8] Em consequência, o sexo feminino é o principal consumidor destas tecnologias, atingindo, por seu intermédio, o casal – heterossexual ou homossexual – e a família.

Para cada país, quais as formas de diálogo político e social possíveis que a família e a medicina poderão assumir diante da emergência, da expansão, dos benefícios e riscos destas tecnologias? É o que resta saber.

---

8 Com exceção da esterilização masculina. Em alguns países, como o Canadá, a esterilização masculina é bastante utilizada, embora com menor frequência que a esterilização feminina (De Guibert-Lantoine, 1990).

6
O ABORTO PELAS LENTES DA SOCIOLOGIA

A situação do aborto no Brasil, condenado penal e moralmente, a consequente precariedade com a qual costuma ser realizado pelas mulheres das classes populares, as mortes e complicações de saúde por ele provocado, refletem-se nas pesquisas sociológicas sobre o assunto, dificultando a obtenção de dados, sejam quantitativos ou qualitativos. Estivemos, pois, diante de um quadro de dificuldades próprias à complexidade do problema quando realizamos o projeto integrado de pesquisa "A mulher e o aborto: da decisão à prática" (UNESP, USP e Unifesp, 1998), nas cidades de Araraquara, de Ribeirão Preto e de São Paulo.[1]

Este capítulo trabalha com os resultados dessa pesquisa na cidade de Araraquara e seus objetivos são analisar as condições objetivas e subjetivas do gerenciamento da contracepção e da recusa ocasional da maternidade; a situação de riscos físicos e morais das práticas e técnicas do aborto clandestino; a relação das mulheres com seus companheiros durante o processo de abortamento. Sua problemática centra-se na situação da saúde reprodutiva das mulheres no país,

---

1 Apoio institucional da UNESP, USP e Unifesp, e financeiro da Fapesp e do CNPq, no período de 1994 a 1998.

com destaque para os seguintes pontos: a proibição legal do aborto e sua consequente clandestinidade; a prática abusiva da esterilização como a melhor solução para a contracepção; as relações de sexo/gênero que *naturalizam* o distanciamento masculino da gerência da reprodução. Esta situação tem como pano de fundo as desigualdades sociais que tornam o aborto um problema de saúde pública.

A situação do aborto no país

O Brasil registra alta incidência de abortos clandestinos, realizados em condições precárias, resultando em um número alarmante de mulheres que arriscam a vida e a saúde para interromper a gravidez indesejada.[2]

As mulheres que recorrem ao aborto clandestino pertencem a distintas classes sociais, variando as condições objetivas em que ocorre e os métodos utilizados. Estes vão desde a introdução de objetos contundentes no útero, utilização de produtos cáusticos e medicamentos, passando por intervenções médicas de baixo custo, às clínicas particulares de alto padrão (Martins, 1991; Costa, 1994; Biehler & Lago, 1996). Evidentemente, os riscos à saúde e à vida são proporcionais à qualidade do atendimento e aos métodos utilizados, evidenciando as profundas desigualdades sociais. As consequências da prática do aborto clandestino levaram os grupos feministas a uma ampla campanha contra o que caracterizam como "aborto inseguro" (Dossiê Aborto Inseguro, 1998).

Somente em 1989 foi implementado na cidade de São Paulo, na gestão da prefeita Luíza Erundina (naquela época, filiada ao Partido dos Trabalhadores), o primeiro serviço de aborto legal para os casos previstos em lei, apesar de o Código Penal prever tais casos desde 1940. A instalação deste serviço, em um hospital público, com uma equipe multidisciplinar de médicos, enfermeiras, psicóloga, assistente social e representante jurídico, possibilitou a aplicação da lei e

---

2 Mais informações no capítulo 4 deste livro.

tornou o procedimento menos traumático para as mulheres (Kyriakos & Fiorini, 2002). A partir daí, este serviço ampliou-se, para todo o Brasil. Em 2003, em doze estados brasileiros trinta hospitais dispõem de serviços de aborto legal para mulheres vítimas de violência sexual, sendo dez no estado de São Paulo, ao passo que em 1998 havia onze hospitais que prestavam tal serviço. Há, sem dúvida, uma tendência de crescimento, apesar da forte oposição de natureza política e religiosa. Este crescimento nos últimos anos deveu-se ao movimento de mulheres e aos profissionais de saúde que apoiaram sua instituição.

Foi nesse mesmo período que o Cytotec começou a ser utilizado como o medicamento abortivo mais popular entre as mulheres brasileiras. Ele foi introduzido no Brasil em 1986, indicado para tratamento de úlcera gástrica, passou a ser utilizado como abortífero por possuir uma substância que estimula a contração uterina e induz ao parto e ao aborto. Graças ao uso ilegal desse medicamento, em 1991 o Ministério da Saúde regulamentou sua comercialização, mas o Cytotec continuou sendo utilizado como abortivo e encontrado no mercado clandestino (Barbosa & Arilha, 1993; Pinto, 1998).

Em 1991, o aborto aparecia nas estatísticas brasileiras como a terceira causa de mortalidade materna; em 2000 ele passa para a quarta causa de óbito materno. Esta permanência deve-se a dois fatos: de um lado, ausência de planejamento familiar; de outro, a criminalização do aborto, que aumenta a incidência de abortos inseguros (Redesaúde, 2001). Sem dúvida, as condições objetivas em que o aborto é realizado no país colocam em risco a vida das mulheres que escolheram interromper uma gravidez.

Sob o impacto desta situação e da ressonância da Conferência do Cairo de 1994, as altas taxas de aborto no Brasil – e na América Latina – passaram a ser consideradas um problema de saúde pública. Esta nova abordagem da questão propiciou maior visibilidade às consequências da proibição legal do aborto no país.

Os sujeitos, o campo da pesquisa e os métodos[3]

Escolhemos trabalhar – eu e a equipe do CNPq – na cidade de Araraquara e com duas fontes de dados: mulheres que declararam ter provocado aborto em uma pesquisa anterior[4] e mulheres internadas em um hospital-maternidade da cidade, com sequelas de aborto – provocado ou natural.[5] Analisamos as trajetórias de mulheres que abortaram buscando apreender, por meio de uma metodologia qualitativa, a dimensão da subjetividade necessária à compreensão de um fenômeno social que, como o aborto, *situa-se na intersecção do subjetivo e do social* (Queiroz, 1991; Minayo, 1993; Bourdieu, 1993; Paillé, 1996; Saillant, 1996).

Na primeira fonte, tínhamos uma pesquisa de tipo quantitativo, com 361 mulheres, das quais 22% declararam ter tido uma gravidez interrompida. Entre essas, 10% declararam ter provocado aborto e 5% declararam ter vivido as duas experiências, de aborto provocado e espontâneo. Em termos absolutos, foram doze mulheres que declararam ter provocado o aborto. Dessas, localizamos sete mulheres e somente cinco concordaram em participar da nova pesquisa. Realizamos cinco entrevistas, apesar de uma das entrevistadas ter negado o aborto que havia declarado na pesquisa anterior. Dessa fonte guardamos, para fins de análise, quatro entrevistas.

Na segunda fonte de dados, realizamos entrevistas com mulheres hospitalizadas com o compromisso de garantir o sigilo das informações.[6] A equipe da pesquisa permaneceu no hospital durante 25

---

3 A equipe da pesquisa de campo foi composta por Gisele Côrtes, Lisa Brasílio e Fabiana Mistieri, bolsistas do CNPq no quadro da pesquisa em pauta.

4 Pesquisa "Saúde reprodutiva das mulheres: contracepção e maternidade".

5 Araraquara é uma cidade média do interior paulista, com uma população de cerca de duzentos mil hab., situada a 270 km da capital, cuja economia concentra-se na agroindústria e no setor terciário.

6 Os princípios éticos desta pesquisa se pautaram em respeitar a liberdade de escolha das mulheres de participar ou não da pesquisa. Igualmente em não: citar nomes originais, divulgar endereços, impor problemáticas e soluções, divulgar de forma indevida e desautorizada os resultados, colocar em risco a integridade física e moral das informantes. O caráter confidencial da informações foi

semanas, período no qual realizou entrevistas informais com as mulheres internadas. Foram descritos 31 contatos em situações de internamento dos quais três resultaram em entrevistas aprofundadas com mulheres que declararam ter provocado aborto. Obtivemos, assim, dados com dois grupos de mulheres: as que fizeram aborto há alguns anos e as que fizeram recentemente, totalizando sete entrevistas em profundidade.

A abordagem de relações de sexo/gênero (Kergoat, 1996; Scott, 1990) permitiu-nos compreender as implicações sociais das trajetórias reprodutivas dessas mulheres, mostrando-nos as relações de poder e dominação que estão subjacentes ao processo do aborto. Mediante a análise das entrevistas, foi possível conhecer mais a fundo as lógicas sociais que perpassaram a prática do aborto clandestino, em um contexto de precariedade econômica e social.

Os quadros a seguir mostram-nos a situação socioeconômica e familiar dessas mulheres e as características gerais dos abortos declarados.

A coleta destes dados merece reflexão, pois, apesar de Araraquara situar-se em uma região rica e desenvolvida do estado de São Paulo, com bons serviços públicos de saúde, as dificuldades de realizar a pesquisa demonstraram que ali o aborto provocado é um tabu. As dificuldades apareceram não só nos pequenos mas significativos obstáculos provocados pelos profissionais de saúde para que a pesquisa não se realizasse, como nas entrevistas das mulheres que, na maioria das vezes, preferiram calar-se a expor-se a respeito de uma experiência tão estigmatizada socialmente, quanto difícil em termos subjetivos.

De um lado, estão os preconceitos em torno do aborto, a proibição legal e moral e a censura social. De outro, estão os aspectos subjetivos que, de diferentes maneiras, tornam penosas as lembranças de

---

garantido: os nomes citados no artigo e o paradeiro das entrevistadas são fictícios, assim como os nomes das instituições visitadas não foram mencionados. As mulheres que concordaram em participar da pesquisa o fizeram informadas e com muita receptividade.

uma experiência, via de regra, difícil de ser vivida, seja pelas mulheres que podem pagar uma clínica de alto padrão, sem riscos de vida, seja por aquelas que arriscam suas vidas com profissionais de competência duvidosa em condições sanitárias precárias. Nos dois casos, a censura social dificulta os depoimentos, pois trata-se, antes de tudo, de uma experiência clandestina, com todas as consequências pressupostas nessa realidade.

Quadro 1 – Caracterização do universo da pesquisa

Nome	Idade	Escolaridade	Estado civil	Profissão	Renda familiar*	Religião
Silmara	20	1º grau incompleto	Desquitada	Lava roupa para fora	R$ 208,00	Católica não praticante
Ema	43	Cursando o Telecurso 1º grau	Casada	Atendente de enfermagem	R$ 760,00	Católica não praticante
Nara	45	Analfabeta	Divorciada	Dona de casa	R$ 473,00	Evangélica
Isabel	45	1ºgrau incompleto	Unida	Cozinheira	R$ 653,40	Católica
Luana	19	Cursando 2º grau	Solteira	Secretária-auxiliar de escritório	Não sabe	Católica não praticante
Mirtes	34	1º grau incompleto	Casada	Cobradora de ônibus	R$ 1.060,00	Não tem
Sandra	29	2º grau completo	Solteira	Desempregada	R$ 67,00	Não tem

Fonte: Vianna et al., 1998.
*Valor em junho de 2000, quando o salário mínimo era de R$ 150,00.

Observamos que esta situação tem impacto muito maior em uma cidade do interior, onde o controle social é mais rígido do que numa metrópole. Na cidade grande, os preconceitos se dispersam no anonimato dos(as) cidadãos(ãs), o que possibilita maior sigilo familiar e social para a realização de atos condenados moral e socialmente, como é o caso do aborto. Uma evidência destas afirmações foi encontrada na imprensa local. Em uma pesquisa complementar

Quadro 2 – Caracterização do universo da pesquisa*

Nome	Gestações	Filho(a)s	Idade do(a)s filho(a)s	Aborto	Idade ao provocar o aborto	Método utilizado para provocar o aborto
Silmara	4	3 filhas	5, 3 anos e 5 meses	1 provocado	12 anos	Sonda
Ema	4	2 filhas e 1 filho	23, 17 e 6 anos	1 provocado	20 anos	Sonda
Nara	8	3 filhas e 1 filho (1 filho morreu)	23, 17 e 6 anos	1 natural 2 provocados	20, 21 anos os dois	1. Chá, sonda e ferro 2. Remédio quente
Isabel	7	3 filhos e 2 filhas	29, 25, 24, 18 e 5 anos	1 natural 1 provocado	38 anos	1. Curetagem realizada pelo médico
Luana	1	0	–	1 provocado	19 anos	Cytotec
Mirtes	3	1 filho	5 anos	1 natural 1 provocado	34 anos	Cytotec
Sandra	2	2 filhos	5 anos e 1 mês	1 provocado	28 anos	Cytotec

* Fonte: "A mulher e o aborto: da decisão à prática" (1996/1998). Silmara, Ema, Nara e Isabel fazem parte do grupo de mulheres que provocaram aborto há alguns anos. Luana, Mirtes e Sandra fazem parte do grupo das que abortaram mais recentemente.

no jornal *O Imparcial*,[7] em 1991 e entre 1996 e 1998, encontramos denúncias de abortos notificadas na sessão policial,[8] o que, sem dúvida, reforça o clima de censura, constrangimento e controle social, contrário ao aborto, colocando-o lado a lado com os crimes ocorridos na cidade.

Tais constatações nos indicaram que, na cidade de Araraquara, a prática do aborto tinha uma especificidade, a qual repercutiu com intensidade na trajetória das mulheres que o praticaram e daquelas que não quiseram admiti-lo. Essa especificidade se circunscreveu a um julgamento moral contrário ao aborto, socialmente circunscrito e mais contundente que o observado pela parte da pesquisa realizada com as mulheres na capital (Vianna et al., 1998).

Contracepção e recusa da maternidade

Mesmo considerando os avanços das tecnologias contraceptivas e seus impactos sobre o controle da reprodução humana, muitas mulheres ainda engravidam quando não estão planejando um(a) filho(a). Devemos, talvez, considerar que isto ocorra pela imprevisibilidade da ação humana, com sua gama considerável de desejos inconscientes? Ou, ainda, pela subjetivação das estruturas dominantes que, se por um lado, valorizam a maternidade, por outro incentivam sua contenção?

A decisão pelo aborto indica uma escolha, circunstancial ou definitiva, pela não maternidade, escolha essa feita em um momento da vida da mulher, por motivos variados, e que nos remete ao significado subjetivo e social da maternidade. Do ponto de vista social, fora ou dentro da família, a maternidade representa, sobretudo, a responsabilidade feminina com a procriação. Do ponto de vista subje-

---

7 O mais antigo dos jornais que circulam em Araraquara, fundado em 25.1.1931.
8 Localizamos reportagens de denúncias de abortos e de investigações policiais de jovens sob suspeita internadas em hospitais da cidade ou após declaração de interrupção voluntária da gestação.

tivo, a maternidade é uma relação de intensa afetividade, particularmente pelo fato de que seu processo biológico é circunscrito ao corpo das mulheres, estabelecendo desde o início da gestação um vínculo de pertença.[9] Talvez este seja um fator importante que diferencie a maternidade da paternidade, igualmente uma experiência afetiva muito forte, a qual, com toda a justiça, grupos de homens buscam resgatar (Perea, 2000).

A maternidade comporta, pois, muitas contradições, ampliadas, na sociedade contemporânea, pela maior possibilidade de as mulheres realizarem-se profissionalmente, o que, por outro lado, gera tensões entre o desejo de realizar uma vida familiar e uma vida profissional. Estas tensões costumam influenciar na decisão de ter uma criança. Há, também, as questões econômicas, culturais e subjetivas associadas a esta experiência. Quais outras questões poderiam intervir na decisão pela não maternidade, em última instância pelo aborto?

Com as mulheres entrevistadas, tratava-se de não querer ter aquele(a) filho(a), naquele momento, uma espécie de desespero – em diferentes graus – pareceu invadir-lhes diante da gravidez imprevista. Para Silmara, que engravidou aos 12 anos e desde cedo trabalhou, como babá, garçonete, ajudante de cozinheira, a gravidez interrompia sua possibilidade de sonhar com o futuro: "Sou muito nova para ter filho, só falei, vou tirar e pronto. Aí eu fiquei desesperada, minha mãe vai me matar, eu procurei esse moço [o pai da criança] ele pagou uma pessoa para abortar". Ela só começou a usar a pílula depois que sua filha mais velha nasceu, já casada com outro parceiro, pai de suas filhas: "No começo eu não tinha nem noção do que era a pílula. A gente sempre se prevenia com camisinha". Aos 20 anos, já havia se separado do marido, que era muito violento e lhe batia, tinha três filhas e a *intenção de se esterilizar.*

---

9 A adoção e as Novas Tecnologias Conceptivas (com a possibilidade do útero de aluguel) trazem outros elementos importantes a esse debate. A questão de fundo inquietante é se a matriz da maternidade biológica permanece dominante nesses casos.

Ema, atendente de enfermagem, aos 23 anos teve uma gravidez imprevista quando estava descansando da pílula que tomava havia dois anos: "... é que nesses casos assim, a gente toma pílula, para dois meses para descansar, como dizem, aí você não descansa e acontece". Esta prática de descansar da pílula é muito difundida e, seguidamente, são as mulheres que tomam a iniciativa de parar ao sentirem seus efeitos colaterais, ou porque se cansam de tomar. Ela poderia estar revelando um desejo inconsciente de engravidar, ou a recusa simbólica, diante do companheiro, de assumir todos os efeitos e a responsabilidade da contracepção? Naquela época, seu marido estava desempregado, ela trabalhava na área de limpeza do hospital, passava por dificuldades financeiras e não tinha com quem deixar a filha de 3 anos. Esta situação contribuiu para sua decisão pelo aborto, mas declarou que, mesmo não tendo que trabalhar, interromperia a gravidez. Depois do nascimento do último filho, com 38 anos, ela fez esterilização.

Nara muito jovem conheceu o ex-marido com quem viveu, por mais de vinte anos, um relacionamento tumultuado. Ela teve cinco filhos, e um morreu. Aos 18 anos, teve a primeira filha. Na sua vida reprodutiva, Nara teve oito gravidezes, delas teve um aborto espontâneo. Entre a primeira e segunda filha fez dois abortos, já que a vida com o marido, que ficava violento quando bebia, era de brigas, separações, conciliações. A realização da maternidade para ela estava inevitavelmente ligada à tumultuada relação com o marido. Não ter filhos significava pôr fim às brigas e reconciliações incessantes, a uma situação difícil. Por isto, tentou interromper quase todas as gravidezes deste casamento, exceto uma delas, como se a cada filho(a) nascido(a), um laço a mais lhe prendesse a essa relação que a sufocava:

> Eu tomava pílula, tive cinco filhos, nenhum planejado, todos foram escapados. Então eu falo, se fosse para eu ter um filho eu não teria nenhum. Porque meu marido não era aquele marido que eu pudesse confiar, por ele eu teria dez, quinze. Ele queria me encher de filhos. Eu fiz uma cesárea para operar (esterilizar), *porque os outros todos foram partos normais.*

Nara estava, então, com 27 anos.

Isabel ficou casada durante dezoito anos, teve dois filhos e duas filhas, além de um aborto espontâneo. Lembra que não desejava levar adiante a gravidez do segundo filho, por conta de sua relação com o marido que bebia, "era violento com ela e com as crianças". Mas engravidou inesperadamente: "... o médico mudou de comprimido: vou te dar um mais fraquinho ... para você não parar de vez. Foi trocar e ficar". Naquele momento seu desejo era "morrer junto com a criança". Tomou, conforme declarou, "porcariadas" para interromper a gestação, mas o aborto não se efetivou. Seis anos depois, Isabel engravidou novamente, pretendia laquear após o nascimento da criança, entretanto o médico não quis realizar a operação. Foi *esterilizada,* aos 40 anos, depois do último filho, do segundo casamento. "... daí, o médico falou, 'se você não operar vai continuar tendo filho'".

Luana, aos 19 anos, trabalhava como secretária em um consultório, decidiu pela interrupção da gravidez, com a certeza de que, se tivesse a criança, esta poderia ter algum problema de saúde: "... bom, eu estava [grávida] e não sabia, continuei tomando anticoncepcional, tomei remédio para inflamação no rim, tomei um monte de coisa, fiz um monte de extravagância, algum problema vai ter". Além disso, estava consciente de que ela e o companheiro "... não teriam condições agora de cuidar dessa criança". Eles estavam juntos havia cinco meses apenas e seu namorado estava desempregado. No início do relacionamento, evitavam a gravidez utilizando preservativo, mas depois que fizeram o exame de HIV e deu negativo, pararam de utilizá-lo, e ela engravidou.

Mirtes trabalhava como cobradora de ônibus, casada com um motorista aposentado. Em sua história reprodutiva, Mirtes teve um filho do primeiro casamento, dois abortos, um natural e um provocado. Ela teve sérios problemas de saúde durante a primeira gravidez, e esse foi o motivo que a levou a interromper a gestação: ficou sete meses internada para não perder a criança. "Pretendia realizar a esterilização", mas o ex-marido não permitiu: "... fez o maior escândalo na porta do hospital, do centro cirúrgico, dizendo que se o médico me operasse, ele ia entrar com processo".[10] Não suportava os métodos contraceptivos existentes:

> eu não posso tomar injeção, comprimido eu acho que eu já experimentei ... uns oito, é bater e voltar, não dá e quando eu persisto eu passo mal, duas semanas, quinzenas. Então eu nunca mais tentei, não fui mais atrás, não me adianta ir porque eu não vou tomar, eu não vou conseguir e o DIU eu não consegui gratuito, para pagar também é uma nota...

Há três anos, o casal previne a gravidez com a tabelinha e o chuveiro. Os dois afirmam que os métodos utilizados sempre funcionaram bem: "... eu engravidei dessa vez, mas não foi porque nós erramos na contagem, não foi isso, ele não erra nunca. Ele que comanda tudo, mas o problema nosso foi aqui da casa, que essa casa aqui todas as boias aqui têm problemas". Optou pelo aborto.

Sandra, aos 28 anos, engravidou sem planejar, não estava casada e morava com a mãe, já tinha um filho de quatro anos:

> Eu queria era dançar. Naquela época eu não podia, não tinha condição, estava acabando de montar um bar. Naquela época eu queria era dançar. ... hoje eu já não quero dançar, já sei que não tem futuro. Mas na época eu ainda acreditava que eu poderia ter uma chance, o grupo estava gravando um disco. Tinham uns contratos, de repente poderia ser uma chance, a última chance de repente de eu conseguir alguma coisa com a dança, entendeu?

Sandra tomava pílula e parou porque o parceiro disse-lhe que não podia ter filhos: "... depois eu descobri que ele morria de vontade de ter filho e falava que não podia, para eu não tomar nada". Engravidou e abortou.

Afora os motivos pelos quais os contraceptivos falharam para estas mulheres – por desconhecimento ou por suas sequelas à saúde,

---

10 A esterilização feminina não é bem vista por homens com acentuado comportamento machista, pois acreditam que a sexualidade e a reprodução de suas companheiras lhes escaparão do controle.

ou por não poder comprá-los, ou por seu uso incorreto, ou por adotar um período de "descanso", ou simplesmente por não usá-los –, o fato é que elas engravidaram quando não desejavam. Se a realização do aborto nos remete à falha dos contraceptivos tradicionais, ela pode, por outro lado, pressionar a busca por uma contracepção mais radical como a esterilização, hoje *o método* mais procurado pelas mulheres brasileiras de todas as faixas etárias (PNDS/BEMFAM, 1997). Vale lembrar que a maior difusão do uso da contracepção, nos últimos anos no país, diminuiu a taxa de mortalidade por aborto (Redesaúde, 2001).[11] Entretanto, o índice de aborto, nos últimos anos, tem crescido entre as mulheres mais jovens, até causando mortes. Segundo pesquisa publicada no Dossiê Aborto Inseguro, 14,3% das mortes por aborto em 1998, no Brasil, foram de mulheres menores de 19 anos (ibidem), que provavelmente não tiveram acesso ao uso de contracepção sistemática.

A manutenção da contracepção no início da vida sexual, com preservativo e/ou pílula, é complexa, já que, muitas vezes, as jovens, ou por não morarem com os companheiros, ou por distração e inexperiência, consideram que nada lhes vai ocorrer. Depois de uma trajetória de filho(as) nem sempre desejado(as), de abortos traumáticos, a esterilização aparece como inevitável. Nesse pequeno universo de sete mulheres, três se esterilizaram com 40, 38 e 27 anos de idade, tendo três ou mais filhos; duas, de 19 e 34 anos, tinham a pretensão futura de realizá-la.

A clandestinidade do aborto e seus riscos

Todas as mulheres entrevistadas que praticaram o aborto em épocas distintas e com métodos diferentes correram riscos. Em geral, o aborto é realizado em locais clandestinos, cuja tabela de preços é proporcional à qualidade dos serviços: ele é provocado nesses locais

---

11 Em 1996, dos 76,7% de mulheres, entre 15 e 49 anos, utilizando contracepção, com companheiros, 40,1% estavam esterilizadas; 20,7% usavam pílula e as restantes empregavam outros métodos (camisinhas, DIU, naturais).

e quando ocorrem complicações, como hemorragia, infecção, febre, as mulheres procuram o serviço público dos hospitais,[12] que finalizam o procedimento com uma curetagem. Com as mulheres que utilizam Cytotec, pode ocorrer também um risco, pois como a venda deste medicamento passou a ser controlada nas farmácias, ela também se tornou clandestina.[13]

Silmara e Ema, por exemplo, provocaram o aborto com sonda e depois foram para o hospital: "Era uma casa, quem me atendeu foi uma moça ... o homem mandou eu relaxar e disse: 'não vou falar quantos meses você está, porque você não vai querer fazer' ... furou a cabeça do nenê ... colocou a sonda" (Silmara).

Voltou para casa e depois de dores fortíssimas e uma hemorragia foi para o hospital, onde finalizou o aborto, de uma criança já formada. "... a enfermeira tentou ajudar, porque eu estava em pé e a criança desceu, e ela tentou segurar, a criança caiu no chão, aí ela começou a chorar, disse que eu ia processá-la, nossa, deu uma confusão."

Teve uma depressão posterior e disse-nos que abortou um menino, que nunca mais conseguiu ter, por "castigo" divino.

Ema foi para a casa de uma amiga, que lhe colocou a sonda. Elas trabalhavam juntas no mesmo hospital:

> Naquela época, tinha um médico que fazia, mas também eu não tinha dinheiro para pagar. Foi provocado, mas não saiu nada, tive que ir para o hospital [onde trabalhava], com febre, três dias depois [teve muita dor e hemorragia] o médico fez a curetagem. Ele me xingou, falou que eu não devia ter feito isso, ele me conhecia, dizia que eu era uma santa. Se eu não tivesse ido [para o hospital] e me cuidado, eu não estava aqui.

Algumas das entrevistadas não sabiam dizer com quanto tempo de gravidez estavam ao abortar. Silmara falou em seis ou sete meses; Luana, em cinco meses; e Nara em três para quatro meses.[14]

---

12 Em geral, as estatísticas de aborto no país são feitas com base hospitalar.

13 Vale lembrar que, segundo depoimento em pesquisa realizada com médicos, há circulação de Cytotec falsificado no mercado (Cortês, 2002).

14 Não podemos, nem pretendemos, avaliar a exatidão dessas informações, porém, sobretudo, considerá-las representações que revelam a amplitude do pro-

Esta imprecisão sugere outro risco à saúde, pois é conhecido que quanto mais adiantado o tempo de gravidez, maiores são os riscos de um aborto, sobretudo clandestino, em geral feito sem condições sanitárias adequadas. No caso de Nara, o aborto foi feito com uma parteira:

> Na diferença de um ano eu fiz os dois abortos. Eu queria abortar, tomei um monte de porcariada e não conseguia abortar; aí tinha uma mulher lá que tirava, eu fui lá e tirei ... até contei mentira para ela, porque senão ela não tirava. Porque ela achava que era grande... ela pôs sonda, não desceu, aí ela pegou, foi lá teve que tirar com ferro.

No segundo aborto, Nara ingeriu "folha de café, o chá da folha de café, que me ensinaram".

Luana, Mirtes e Sandra utilizaram o Cytotec. Depois de decidir pelo aborto, Luana entrou em contato com uma pessoa que trazia o remédio do Paraguai[15] e que já havia vendido para uma amiga abortar: "Uma mulher que vai para o Paraguai porque aqui no Brasil está proibido, então as farmácias têm, mas não vendem...". Luana provocou o aborto em casa tomando dois comprimidos e colocou dois na vagina. Passou mal e durante umas sete horas sentiu dores. Ligou para o namorado, que até aquele momento não sabia de sua decisão, e pediu que ele a levasse para o hospital. No pronto-socorro, a bolsa rompeu e Luana abortou:

> Sabe, é uma dor assim que você quer ver terminar logo, você não aguenta mais, então começa a falar, a fazer tudo para ver se alguma coisa

---

blema. O fato é que com seis ou sete meses, a situação já é mais para parto prematuro do que para aborto. No mesmo hospital, tivemos notícias de outra mulher cujo bebê nasceu de seis meses, ferido, e morreu em seguida. Havia suspeita de aborto provocado.

15 Embora a venda do Cytotec seja proibida nas farmácias, o remédio é facilmente encontrado na clandestinidade. Em 11 de outubro de 1996, o jornal *Folha da Cidade* publicou a manchete: "Remédio que provoca aborto é vendido no mercado 'negro' em Araraquara". A reportagem indicava que o comprimido vinha do Paraguai e era vendido a R$ 100,00 (valor em junho de 2000).

ajuda, se passa ... Aí disseram que estava tudo formado, que já estava de cinco meses, já tinha completado cinco meses. Nossa, dá um desespero, dá uma vontade de você ir lá, de você pegar a criança ... e pôr na barriga de novo.

Mirtes, também, comprou o remédio de alguém que trazia de fora. O procedimento foi o mesmo, tomou dois e colocou dois na vagina: "Eu passei mal a noite todinha, a madrugada, o outro dia inteirinho". Ela teve hemorragia e foi para o hospital:

me deu taquicardia, eu fiquei morrendo de medo, é dessa vez que eu vou [morrer], *mas só por isso que eu fui* [para o hospital], senão não teria ido, teria ficado aqui em casa, não teria feito curetagem. Achei que o médico fosse meter a boca em mim, mas não. A enfermeira me disse: "você fez certinho, você nem tinha que estar aqui, sua boba, você fez direitinho, você tinha que ter colocado mais um depois para acabar de limpar". ... Ela é parteira lá, ela sabe.

Reconhecimento da autoridade profissional, medo desta autoridade e infantilização da mulher são alguns dos indícios das complexas relações de poder presentes nos serviços de saúde.

Já com Sandra foi diferente. Como ela costumava viajar para o Paraguai, para fazer compras por encomenda, foi para lá comprar o Cytotec, que ela conhecia de "ouvir falar"...

Então eu tomei por lá mesmo, porque se você é pego com o remédio dá um rolo danado ... esperei já começar, porque eu fiquei com medo de viajar com reação, aí eu fiquei um dia lá, só tomei dois comprimidos ... a hora que eu cheguei no hotel já deitei, fiquei sozinha lá, deitada lá, umas seis horas depois ... com cólica, dor, dor, dor, mas nada assim além daquilo que eu já estava acostumada... o tempo todo eu fiquei sozinha. Mas foi de um dia para o outro, no dia seguinte eu já viajei de ônibus...

Dez meses após esta experiência, Sandra engravidou novamente e, desta vez, teve a criança.

Os riscos, medos, sustos, arrependimentos pelos quais estas mulheres passaram são consequência de abortos malfeitos, comprimidos ingeridos sem orientação médica, de situações de desespero que, infelizmente, ainda levam muitas mulheres à morte no país. Em 1998, registrou-se uma morte por aborto para cada 25 mil crianças nascidas vivas. Acresce-se, a este dado, o percentual relevante de morte de mulheres, em idade reprodutiva, sem assistência médica, segundo atestados de óbito; no ano em questão foram 13% e a maioria concentrada nos estados mais pobres do país. Possivelmente, entre esses casos, encontrem-se abortos provocados. Das mulheres que tiveram aborto como causa declarada de sua morte, "apenas 72,3% delas receberam assistência médica. Em 23,5% dos casos não havia informação sobre o tipo de assistência recebida e 4,2% não tiveram assistência médica" (Redesaúde, 2001, p.59).[16]

Além dos riscos físicos, observamos que a experiência do aborto foi traumática para a maioria destas mulheres, causando danos psíquicos e morais. Algumas se arrependeram e até se declararam contrárias ao aborto (Silmara, Isabel, Nara); outras posicionaram-se favoráveis à legalização do aborto, relacionando os sofrimentos que viveram à situação de clandestinidade do procedimento (Luana, Ema, Mirtes e Sandra). Um sentimento de culpa aparece latente para algumas delas (Ema e Luana) e explícito para outras (Silmara, Nara). A dificuldade que as mulheres encontram para se decidir a realizar o aborto, em circunstâncias objetivas não favoráveis, como no caso das mulheres entrevistadas, pode ser sintetizada na reflexão de Luana:

> tem pessoas que fazem por fazer, mas a maioria tem um motivo para fazer isso. Porque sem um motivo muito bom ninguém vai chegar lá e fazer ... Porque realmente é uma coisa horrível, não tem nada de bom. É uma coisa realmente bem difícil, difícil até para você formular e falar a respeito.

---

16 Segundo esta mesma fonte, "a observação 'sem assistência médica' indica má qualidade de registros e, o que é pior, do atendimento. Essa observação informa os casos de óbitos ocorridos fora dos serviços de saúde e aqueles em que a pessoa, antes de falecer, permaneceu menos de 24 horas sob assistência do profissional de saúde" (Redesaúde, 2001, p.59-60).

O aborto provocado é percebido como um sofrimento que pode ser evitado: quem provoca sofre, como Luana sofreu, e pode até morrer.

Do ponto de vista histórico, os riscos do aborto não são novidade, as mulheres sempre tiveram a possibilidade de acabar com uma gravidez indesejada, principalmente por meio de drogas abortivas. Segundo Shorter (1992, p.168), algumas dessas drogas eram muito perigosas e precisava uma vontade firme para usá-las. Assim, o aborto foi quase sempre um ato desesperado e, poderíamos dizer, continua sendo, particularmente nas circunstâncias testemunhadas pelas mulheres que participaram da pesquisa.

Relações de sexo/gênero perante o aborto

As relações de sexo/gênero estão pontuadas ao longo dos tópicos precedentes e são mencionadas nos relatos sobre os companheiros, namorados, maridos e médicos. Elas aparecem subjacentes à decisão e à prática do aborto, como relações de poder e dominação masculina, que as mulheres subvertem, em certa medida, ao decidirem, solitárias, pelo aborto. Uma análise mais fina dos dados nos mostra a complexidade dessas relações – diferenciadas pelas histórias de cada pessoa envolvida; pela solidez ou não da vida afetiva em comum; pela idade; por melhores ou piores condições de vida –, construídas na superação de dicotomias binárias (Scott, 1990) entre um ir e vir de permanências e mudanças, em um movimento constante das estruturas objetivas enraizadas no corpo de cada um(a) (Bourdieu, 1998).

Uma das permanências observadas, nesta pesquisa, foi o distanciamento dos homens das questões reprodutivas. De fato, na maioria dos casos, os maridos, ou namorados, não interferiram diretamente na decisão das mulheres de abortar e pouco participaram do processo de abortamento. Entretanto, eles foram o motivo da decisão pelo aborto para Nara e Isabel: elas afirmaram que não queriam ter filhos por conta da relação conflituosa com os maridos. Quando Isabel engravidou tomando pílula, a relação com o marido ficou difícil:

DAR A VIDA E CUIDAR DA VIDA **119**

Foi aí que eu fiquei quase doida, ele falava que o filho não era dele. Eu trabalhava das sete da manhã às sete da noite, chegava em casa, tinha que aguentar pau d'água bêbado, levantava minhas crianças da cama e levava para minha vizinha ... não gosto nem de lembrar o que ele fazia comigo e com as crianças.

Isabel deixou-o e, passado um tempo, encontrou seu atual companheiro.

Segundo Nara, seu marido

gostava de beber ... ficava muito violento em casa, queria quebrar as coisas ... Eu não vivia bem com ele, não tinha estabilidade na vida, ia pôr filho no mundo para sofrer. Tentei tirar todos, menos da Luciana. Eu engravidava e não queria o filho, ele não gostava, de jeito nenhum, nossa! Ele ficava bravo! Da Sandra, ele falava que ia contar quando ela crescesse e contou. ... Minha mãe e irmãs sabiam e me ajudavam a fazer remédios [para abortar].

Depois que os filhos cresceram, Nara conseguiu deixá-lo.

Para Silmara, o apoio do namorado para a efetivação do aborto foi, sobretudo, material. Ele lhe indicou o local e pagou a intervenção, deixando-a assumir sozinha a responsabilidade da decisão. Foi sua mãe que lhe acompanhou para fazer o aborto, ele não estava presente. Depois do aborto

ele perguntou com quantos meses eu estava, eu falei que estava com sete... ele começou a chorar, disse que a culpada era eu, que eu não devia ter feito. Aí eu falei para ele que tinha sido melhor assim; ele só não aceitou por eu estar de sete meses e eu ter feito o que eu fiz.

Silmara continuou mais um tempo com ele e depois ficou com "muito ódio" dele, aliás o mesmo "ódio" que sentiu depois pelo ex-marido que lhe batia. Revolta do polo dominado? Ou um efêmero momento de redefinição nas relações de gênero?

Silmara associou a experiência do aborto com outros momentos difíceis de sua vida, como a violência desenfreada que sofreu de seu ex-marido, que "tinha mania de bater; todas as vezes que eu estava grávida, ele batia, e eu tentando segurar o casamento". Esta ligação estreita da violência com a gravidez poderia advir do fato de a maternidade ser uma fonte de poder e prazer para as mulheres, da qual os homens se sentem alijados.

Luana, Ema e Sandra comentaram sobre a gravidez com seus companheiros. O namorado de Luana estudava e estava desempregado: "Nós conversamos, aí eu comentei que não teríamos condições agora de cuidar dessa criança, mas só comentamos. Eu decidi, mas não lhe disse que eu ia tirar". O namorado levou-a ao hospital, foi visitá-la e buscá-la:

> chegamos à conclusão que não queríamos isso, que não foi a melhor solução, que eu não deveria ter feito isso ... ele ficou um pouco chateado por eu não ter comentado, por eu não ter falado, mas, também, como ele é muito compreensivo, entendeu a situação ... agora, pensando bem, acho que eu deveria ter ouvido a opinião dele também.

Segundo Ema seu marido "sabia, mas ele não falou nada, nem que sim, nem que não, deixou para eu resolver". Depois que ela abortou, ainda no hospital:

> o médico falou: "por que você deixou ela fazer isso?". Ele disse: "Eu nem sabia". Ficou quieto, quer dizer, ele concordou ... a gente nem toca muito nesse assunto, a gente nem conversa sobre isso. Eu acho que a mulher deve decidir, porque a vida é dela.

Quanto a Sandra, sua gravidez foi resultado de uma relação casual, na qual ela não estava envolvida, mas o parceiro não queria que ela abortasse:

> Armou um monte de situação, mas naquela época realmente não tinha condições ... eu estava com uma pessoa que dizia não poder ter filho, tinha feito algum tratamento, mas dizia que não podia ter filho ... depois que eu descobri que ele morria de vontade de ter filho e falava que não podia ter para eu não tomar nada ... eu dei uma enganada nele, eu falei que tinha descido natural, eu falei que era nervoso, que tinha descido natural.

Mirtes foi a única cujo companheiro participou mais do processo de decisão do aborto, e, segundo seu depoimento, também cuidava da contracepção:

> nós pensamos bastante, vários dias, só que não podíamos deixar passar mais tempo, inclusive, nós deixamos passar mais uns dias para ver se melhorava meu mal-estar, mas não melhorou. Ele deixou eu decidir porque o corpo era meu, quem estava passando mal era eu.

A participação de seu marido, até mesmo citada na gestão da contracepção, representa um movimento de mudança no distanciamento das questões reprodutivas, este sim frequente entre a maioria dos parceiros das mulheres entrevistadas.

Observa-se que, mesmo considerando importante a participação do companheiro na decisão do aborto, a última palavra é das mulheres:

> são nove meses você carregando uma coisinha dentro de você ... tem que gostar muito, tem que gostar muito mesmo, e isso ninguém influencia, ninguém; não adianta falar fulano influenciou, fulano colocou remédio na minha boca, é mentira, só toma quem quer... A decisão tem que ser da mulher, mesmo porque o cara pode até gostar muito da criança, pode até gostar muito da pessoa, mas nunca, por mais parceiro que o cara seja, na hora que você está sentindo dor é só você ... No começo eles são todos iguais e dizem: "não porque eu assumo, porque pode deixar que vai ser diferente do outro, porque isso, porque aquilo", depois você vai vendo com o tempo que não é nada daquilo.

Se, de um lado, transparece uma descrença no envolvimento efetivo dos homens na vivência da paternidade, de outro há a apropriação feminina, historicamente condicionada, das consequências sociais do ato biológico de ser mãe, as quais as mulheres, muito raramente, deixam de assumir.

O nó da meada

Do ponto de vista sociológico e dos objetivos iniciais, esses dados apresentam algumas respostas. Embora não estivéssemos buscando um universo quantitativo, a construção do universo qualitativo foi, em grande medida, definida pelas restrições sociais e morais ao aborto, muito fortes na cidade de Araraquara, que reforçam a situação de clandestinidade e não se traduzem por nenhuma política social efetiva de prevenção da gravidez.[17] Ao mesmo tempo em que as mulheres são condenadas social e moralmente por praticarem abortos, o que lhes é oferecido para evitá-los?

Primeiramente, em relação à contracepção, observam-se poucas variações, algumas dadas pela idade, outras por diferenças na instrução, mas o substrato comum é a falta de planejamento; elas não haviam pensado na gravidez antes de ela acontecer. Exceto o casal jovem que começou com o preservativo para prevenir-se da AIDS, resolvida esta questão a jovem passou a usar a pílula, demonstrando a intenção de não engravidar. Observou-se, via de regra, uma responsabilidade feminina pela contracepção, que só não foi vivida por um casal: ao usar a tabelinha, era o homem que "comandava tudo".

A opção mais segura continuou sendo a esterilização feminina, prática amplamente utilizada pelas mulheres brasileiras e latino-americanas.[18] Para aquele senhor que pretendia "encher a mulher de filhos", talvez não tenha sido a melhor solução; mas, para as mulheres que já tinham o número desejado de filhos(as) e passado pela experiência de um ou mais abortos, a esterilização foi uma saída radical que as liberou das falhas da contracepção convencional e do pesadelo de abortos clandestinos. Conforme Ávila (1999, p.82), na decisão da esterilização as mulheres podem estar implicitamente manifestando "um sentido de rebelião contra as condições dramáticas nas quais vivenciam a maternidade". Por outro lado, em termos sociais, a oferta da esterilização feminina e o seu uso maciço significa a

---

17 Esta situação vem mudando desde 2001, tendo em vista que uma nova administração da cidade começou a instituir políticas específicas voltadas às mulheres. Entretanto, sua ação tem se voltado mais para as questões de violência doméstica, problema muito recorrente na sociedade brasileira.

18 De dezoito países da América Latina, em nove a esterilização é o método mais utilizado, entre eles Brasil, México, Colômbia, Costa Rica (Molina, 1999).

ausência de políticas públicas que contemplem saúde e educação contraceptiva, para homens e mulheres, com oferta variada de métodos e aprendizado sobre suas vantagens e desvantagens.

Em segundo lugar, a decisão, a vivência e as consequências da realização do aborto, nos casos analisados, atingiram substancialmente as mulheres. Na maioria das vezes, observou-se que a decisão do aborto não foi fruto de uma decisão comum com os companheiros e, durante sua realização, eles estiveram ausentes. Os companheiros, ao contrário, aparecem em situações diversas: o que julga e culpabiliza a mulher pela decisão e pelo ato cometido; o que "nem sabia"; o que deseja muito um filho, mas não tem força moral para assumir seu desejo; o que participa, mas não contribui na decisão; o que nem sequer foi informado. A posição de distanciamento dos homens expressa um lugar de dominação que, incorporada pelas relações sociais de sexo/gênero, é tida como "natural". De fato, em diversas ocasiões, as mulheres entrevistadas tendem a desculpar os companheiros desta posição. Por outro lado, o desejo da paternidade parece se manifestar para alguns destes homens mais como meio de dominação das mulheres do que como desejo subjetiva e socialmente consequente.

A decisão de interromper uma gravidez estabelece uma ruptura com a natureza e expressa o caráter cultural e social da maternidade: as mulheres têm a possibilidade de escolher pela não maternidade. Os fatores sociais dessa recusa estão ancorados nas relações sociais de sexo/gênero, reservando às mulheres a principal responsabilidade pelos(as) filhos(as), situação percebida de forma consciente por algumas das mulheres entrevistadas. Diversas pesquisas e estudos já demonstraram que as mulheres continuam sendo – e se considerando – as principais responsáveis pelos cuidados com os(as) filhos(as), com todas as implicações sociais, econômicas e psíquicas desse fato (Combes & Devreux, 1991; Cournoyer, 1994). Além disso, no Brasil, numerosos trabalhos evidenciam a crescente participação das mulheres no mercado de trabalho, como também o número de famílias chefiadas por mulheres (Bruschini, 1994; Goldani, 1994), isto é, assumindo solitárias a educação dos(as) filhos(as).

Estes fatos contribuem para a decisão pela não maternidade e estão associados às condições materiais de vida das mulheres que decidem por um aborto. Acrescentam-se a isto outros fatores apontados: a consciência da idade prematura; o medo de que o excesso de medicamentos ingeridos para abortar pudesse causar algum problema à criança, o que remete à responsabilidade materna dos cuidados; a esperança de realizar uma carreira artística. Além disto, destaca-se a violência dos homens, descrita por três mulheres desta pesquisa: violência, por vezes, justificada pelo uso de bebidas alcoólicas e, também, relacionada à gravidez. Fato que indica a recorrência da força física para legitimar o poder nas relações de gênero e a manutenção do recurso à força bruta nos processos de dominação.

Como o desejo de filho(as) está circunscrito a uma época com condições precisas, o aborto pode, às vezes, redundar em arrependimento, como ocorreu com algumas de nossas entrevistadas. É possível considerar que a decisão pela não maternidade, também, seja um dos elementos que torna a prática do aborto socialmente condenável, já que recusar a maternidade rompe com a função biológica reprodutiva dos sexos, subvertendo a fórmula dominante de *tota mulier in utero*.

Em terceiro lugar, as repercussões práticas da proibição e da clandestinidade do aborto no país colocam em risco a vida e saúde física e psíquica das mulheres. Seja com intervenção de um(a) aborteiro(a) seja com o uso do Cytotec, a clandestinidade ainda persiste. Essa clandestinidade começa pelo acesso aos métodos – ambos proibidos –, e passa pelas intervenções – ambas perigosas, embora a segunda tenha menor risco –, podendo resultar em internação hospitalar de emergência. O recurso ao hospital nem sempre é bem-sucedido, visto que a mortalidade associada às sequelas de aborto tem sido frequentemente assinalada no país, conforme já referido (Vianna, 1996; Laurenti, 1990). O tempo avançado – desconhecido e impreciso – da gravidez de três das mulheres da pesquisa (uma menina, outra adolescente e a terceira adulta) é revelador não só da desinformação sobre o funcionamento de seus corpos, como também da falta de serviços de saúde que facilitem o diagnóstico da gravidez.

Em conclusão, a pesquisa mostrou-nos que a exposição a situações de dificuldades e riscos relacionadas à clandestinidade do aborto no país é agravada pelo fato de se tratar de um universo de mulheres de baixos recursos, que é o da maioria das mulheres brasileiras. No processo de decisão e realização do aborto, essas mulheres estão, quase sempre, sem o apoio dos companheiros, assumindo solitárias os riscos à saúde e à vida que daí podem advir. Subjacente a esses riscos, há a condenação moral e social pelo fato de elas não terem previsto uma contracepção e recusado a maternidade. Todos esses elementos podem ser considerados obstáculos a uma mudança na concepção e na prática do aborto no contexto estudado, e, de forma mais ampla, no conjunto da sociedade brasileira.

Bebê sendo amamentado. Raposa, Maranhão. Foto: Alain Brugier

7
DAR A VIDA E CUIDAR DA VIDA: SOBRE MATERNIDADE E SAÚDE

Por que maternidade e saúde?[1]

A relação das mulheres com a saúde remonta a tempos longínquos e está ancorada no próprio corpo feminino. Alguns estudos fornecem registros históricos de momentos desta relação: as mulheres sábias da Antiguidade, as bruxas, as parteiras, as curandeiras, enfim, os fios vão se tecendo e permitem estabelecer os contornos de uma história, ainda por ser escrita, mas que já aponta algumas direções.

O reconhecimento da existência de um saber empírico feminino e de sua importância para a medicina: a participação efetiva das mulheres na manutenção da vida pelos cuidados da família e a própria repressão a esses saberes femininos são algumas dessas direções que apresentam as mulheres como principais personagens nos primórdios da medicina obstétrica e ginecológica.

Cabe dizer que por meio da maternidade aqui compreendida, primeiramente, como um fato biológico realizado – ou passível de o ser – no corpo feminino, as mulheres desenvolveram um saber em-

---

1 Publicado em *Cadernos da REDEH*, ano 1, n.2, Rio de Janeiro, 1991.

pírico relacionado com a saúde. Este saber se estende a todos os momentos da maternidade, desde o evitar a concepção, o pré-natal, o momento do parto, a interrupção da gravidez, até os cuidados da saúde da criança. Todos estes momentos passam necessariamente pelo corpo da mulher, por meio do qual ela desenvolve o referido saber.

Do ponto de vista histórico-estrutural e socioetnológico, o dar a vida, o ser mãe, está intimamente associado com os cuidados da vida, e, portanto, há uma ligação especial das mulheres com a saúde. Resta ver, mais detalhadamente, como se deu – dá – esse processo.

Da parte das mulheres

De início, foi o instinto. Segundo Melo (1983, p.9): "A mulher primitiva pariu sozinha, isoladamente, tendo em vista que o processo de parto ainda não despertava o interesse da coletividade e, à semelhança dos animais, o instinto prevalecia". O mesmo instinto regulou, provavelmente, as outras instâncias da maternidade e foi sendo substituído pela medicina mágico-religiosa, que se manteve por muito tempo e ainda se mantém em algumas sociedades ou grupos sociais.

A maioria dos registros históricos indica que do isolamento instintivo as mulheres passaram a se entre ajudar, apoiadas em suas práticas e experiências pessoais. Os estudiosos do assunto confirmam que a obstetrícia nasceu com as mulheres:

> Entendendo-se as práticas empíricas exercidas pelas mulheres, no auxílio ao parto e puerpério e mesmo nas intercorrências da gravidez, como práticas tocológicas, a obstetrícia nasceu indiscutivelmente com as parteiras, "curiosas", "aparadeiras", "comadres", "matronas" ... eram mulheres que, em geral, haviam adquirido seus conhecimentos a partir de sua própria multiparidade e de uma prática tocológica exercida exaustivamente. (Melo, 1983, p.10)

Observando pinturas góticas sobre o nascimento da Virgem Maria, Knibiehler & Fouquet (1977) ressaltam que só há mulheres nas cenas, evocando provavelmente os partos da época: "... grupos de mulheres estão em volta, ocupadas em diversos afazeres, cuidando do acontecimento. O nascimento pode se ver era um *affaire* de mulheres, do qual homens estavam excluídos" (p.15).

Durante toda a Antiguidade e Idade Média, os nascimentos eram assistidos por parteiras, cujos saberes eram transmitidos, na maioria das vezes, pela tradição oral. Certos conhecimentos e crenças populares sobre a saúde das mulheres aparecem em antigos papiros egípcios nos quais a concepção mágico-religiosa dos tratamentos terapêuticos é notória.

A representação do útero como órgão independente e migrador do corpo da mulher persistiu por muitos séculos, sendo a ele atribuída a origem de todos os males femininos. Esta ideia do deslocamento do útero, causando doenças, está presente num desses papiros, o papiro Kahum que data de 1900 a.C.:

> Que o útero possa se deslocar não é uma teoria absurda para quem observou um prolapso uterino. As mudanças espetaculares de seu volume durante a gravidez podem também lhe dar uma plasticidade extraordinária ... É bem possível que os deslocamentos internos da matriz pudessem representar também outra coisa do que essas modificações mecânicas referidas: eles significariam a presença de um ser misterioso, escondido no corpo da mulher. (Knibiehler & Fouquet, 1983, p.17)

Para os males dos deslocamentos eram receitadas fumigações, que persistiram durante alguns séculos nos tratamentos ginecológicos.

Em pesquisa sobre saúde e maternidade, no Nordeste do Brasil[2] observamos ser comum entre as mulheres uma representação do útero semelhante à descrita: denominando esse órgão como "mãe do corpo", as mulheres pareciam crer que ele lançava raios às outras partes do corpo ou se deslocava nele, o que provocava dores muito fortes "nas costelas, nas cadeiras, em todo o organismo"; enquanto a

---

2   Ver o capítulo 8 deste livro.

mulher não o colocasse no lugar as dores não melhoravam. Para esses casos, também continuavam sendo aplicadas receitas caseiras.[3]

Parece notável encontrar o mesmo tipo de representação, da centralidade do útero no corpo e na saúde das mulheres, em períodos históricos tão distantes como distintos. Ainda que a representação do útero migrador não esteja correta do ponto de vista científico, tem algum sentido, conforme o apontado acima, e é possível dizer que ela evidencia uma auto-observação do corpo feminino. Esse tipo de representação que mistura alguns elementos verificáveis – o útero da mulher é elástico, pode se deslocar para baixo – com outros místicos, ligados ao extraordinário ato de dar a vida, de completá-la no corpo com uma precisa perfeição, é passível de permanecer, em tempos distintos, com conteúdos similares, como parte de um saber feminino.

As parteiras desenvolveram também conhecimentos sobre controle dos nascimentos e interrupção da gravidez. Kitzinger (1978, p.63) afirma que:

> as bruxas e as parteiras eram peritas no controle de nascimentos e no aborto, e as mulheres não só as procuravam pedindo-lhes um filtro amoroso, um sortilégio para impedirem os bebês de adoecerem, ou simples ervas medicinais, mas, também, pediam-lhes ajuda para evitarem a concepção ou para se desembaraçarem de uma gravidez não desejada.

A Inquisição – ou a caça às bruxas – promovida pela Igreja medieval, que teve seu clímax entre os séculos XV e XVII na Europa, tratou de associar parteiras, curandeiras e bruxas (Pitanguy, 1989).

De fato, entre as acusações da bruxaria estava o fato de essas mulheres "possuírem talentos médicos e obstétricos" (Ehrenreich & English, 1973, p.13). Os conhecimentos medicinais das parteiras,

---

3 Referiu-se à fricção de alho na barriga da mulher doente, em torno do umbigo, chamando a mãe do corpo para seu lugar. Ao representarem o útero como "mãe do corpo", não estariam as mulheres projetando sobre ele o papel social que a elas é atribuído como mães? Ao mesmo tempo esta representação faz do útero o polo principal da saúde das mulheres e, em última instância, do órgão reprodutor com a saúde. (Ver o capítulo 8 deste livro.)

DAR A VIDA E CUIDAR DA VIDA **131**

advindos de longa experiência empírica, conferiam-lhes um poder de cura que, para os inquisidores, era considerado mágico e maléfico. Segundo estas autoras (ibidem, p.18):

> A parteira ou bruxa tinha uma grande quantidade de remédios experimentados em anos de uso. Muitos desses remédios, à base de plantas, têm ainda seu lugar na farmacologia moderna ... Elas utilizavam a cravagem de centeio contra as dores do parto ... Derivados da cravagem são os principais remédios utilizados atualmente para acelerar o trabalho de parto ... A beladona – ainda hoje empregada como antiespasmódico – era utilizada pelas bruxas para aliviar as contrações uterinas ...

O poder de cura era o próprio malefício para a Igreja, já que ele representara a influência dessas mulheres, principalmente na população camponesa pobre, colocando em risco o poder clerical. Além disso, o saber dessas mulheres atingia terrenos considerados perigosos, como a própria sexualidade feminina.

As fogueiras dos inquisidores não conseguiram queimar o saber das parteiras e curandeiras, que continuaram praticando partos e curas por muito tempo. Entretanto, a Inquisição acompanhou o processo de legitimação da medicina científica, como afirma Arruda (1987, p.8): "O que a Igreja não consegue dobrar, a instituição médica vai usurpar".

Em suma, da parte das mulheres, historicamente, constituiu-se o saber desenvolvido pelas parteiras nos nascimentos, na contracepção, na interrupção da gravidez e nos tratamentos ginecológicos, ou seja, uma antiga relação da maternidade – aqui entendida num sentido amplo – com a saúde. Isto implica, estruturalmente, a existência de uma prática e de conhecimentos adquiridos pelas mulheres e/ou entre elas, com base na observação de seus cotidianos reprodutivos, no qual acumularam uma experiência terapêutica peculiar. Essa experiência é essencialmente empírica e, dependendo da sociedade e cultura em que é situada, pode ser fortalecida por uma respeitável tradição oral e/ou escrita. Em alguns momentos, essa experiência foi ou é suficiente para enfrentar situações como gravidez, parto, amamentação, cuidados com os filhos etc. Em outros momentos, ela pode se cristalizar e, não se renovando, constituir um empecilho à saúde das mulheres. É o caso, por exemplo, de um tipo de parteira que trabalhava nas regiões rurais da França do século XVIII. Essas parteiras, considerando tudo saber, negavam-se terminantemente a aprimorar seu ofício (Shorter, 1992, p.49).

Este fato, como outros similares, pode evidenciar que na história das parteiras e curandeiras houve erros, assim como, ao longo do tempo, na prática de médicos e cirurgiões. Entretanto, os erros das parteiras foram superestimados e utilizados por algumas correntes da medicina científica para depreciar toda e qualquer prática das mulheres nas questões da saúde.

Todos os elementos até aqui descritos constituem o que se poderia designar cultura somática feminina.[4] Esta é a forma pela qual as mulheres aprenderam – ou aprendem – a receber os sinais que seus corpos emitem na doença e na saúde, criando uma quase linguagem corporal feminina, muitas vezes transmitida de mãe para filha, de amiga para amiga, de comadre para comadre. De acordo com o grupo social, a cultura e a época a que estão referidos, determinados sinais vão receber maior ou menor atenção, manifestando-se em modos de agir e/ou aplicar tratamento nas diversas fases do ciclo reprodutivo.

O caso da amamentação materna pode ilustrar esta ideia, considerando-se as diversas fases da relação das mulheres com o ato de amamentar e as determinações de classe social aí implicadas. No Brasil, o aleitamento materno começou a ser recomendado a partir da segunda metade do século XIX, quando a "vida da criança da elite passou a ter importância econômico-política" (Costa, 1979, p.256). Entretanto, as amas de leite escravas já exerciam havia muito tempo

---

4 Para esta designação, parti do conceito de Boltanski (1979, p.145) de "cultura somática", no qual ele demonstra como existem "regras que determinam o grau de interesse e de atenção que convém dar às sensações doentias, e talvez, de maneira mais geral, às sensações corporais e ao próprio corpo", e, também, como "essas regras não são idênticas nos diversos grupos sociais". Com base neste conceito geral, considerei a hipótese de uma forma especificamente feminina de relação e conhecimento do corpo.

essa função, que só passou a ser considerada "nobre" para as mulheres da elite no momento em que os interesses políticos da elite agrária necessitavam manter a coesão familiar (ibidem).

Observou-se nas comunidades de São Luís do Maranhão, na pesquisa já referida, que as mulheres associavam a amamentação materna com o controle dos nascimentos. A esse respeito, Kitzinger (1978, p.63) ressalta que nas comunidades camponesas "este método é tanto mais eficaz como é frequente existir uma lei, não escrita, segundo a qual uma mulher, que ainda amamenta o filho, não deve ter relações completas". Também foi frequente, nessa pesquisa, a associação do aleitamento materno com a boa saúde das crianças, o que tem sentido pelas experiências pessoais dessas mulheres e/ou pelas campanhas efetuadas no Brasil, em tempos recentes, pró-aleitamento materno.

Assim, os sinais emitidos pelo corpo feminino são apreendidos pela experiência pessoal de cada mulher que interage, por sua vez, com o grupo social do qual faz parte. A cultura somática feminina tem história, classe social, raça e, como foi referido, pode se constituir por elementos de saber ou de estagnação. Este último é o lado contraditório desta cultura, o lado do não, evidentemente pelo qual a sociedade patriarcal buscou fundamentar todo o seu desprezo a um conhecimento adquirido, por meio do acerto e do erro, em séculos de experiência.

Da parte da medicina

Se a história da obstetrícia e dos tratamentos ginecológicos começou com as mulheres e esteve durante tanto tempo em suas mãos, ela foi passando paulatinamente às mãos dos homens, isto é, à medicina científica, nas quais continuou seu caminho. A obstetrícia começou a ser olhada com interesse, pelos homens, justamente no período em que a medicina científica lutava para monopolizar o saber médico, entre os séculos XVI e XVIII, os mesmos da Inquisição na Europa.

134 LUCILA SCAVONE

É possível situar essa passagem com a entrada do cirurgião-parteiro no cenário dos partos, que se fez lentamente, entre os séculos referidos, segundo Knibiehler & Fouquet (1977, p.70-1):

> O cirurgião-parteiro, que penetra no mundo das mulheres, pisa num terreno perigoso no qual existe um saber ancestral transmitido de mãe para filha, saber este que assimilou novas receitas, muitas vezes tiradas do mundo do cirurgião e reinterpretadas pelas mulheres.

A entrada em cena dos homens num domínio mantido, por séculos, pelas mulheres, não se deu sem resistências. A presença dos médicos-cirurgiões nos partos e nos tratamentos ginecológicos significava, do ponto de vista moral, um desacato ao pudor feminino que as mulheres e os maridos relutavam em aceitar. Por outro lado, significava também custos financeiros extraordinários que superavam as possibilidades das classes despossuídas (ibidem).

Entretanto, esta passagem paulatina de uma prática empírica à instalação da racionalidade médica científica se fez também com a participação das próprias parteiras, cujo saber era reconhecido e não dispensado por alguns cirurgiões. Cabe lembrar que, inicialmente, estes cirugiões-parteiros utilizavam os mesmos métodos de cura que as mulheres, com a diferença de acrescentarem instrumentos cirúrgicos, aliás nem sempre de forma adequada (ibidem, p.73):

> Os cirurgiões-parteiros da época clássica exerceram e adquiriram a experiência que reivindicam, nos hospitais. Os cirurgiões não operam sós, mas com as parteiras, reconhecendo, às vezes, a sabedoria das mesmas. O limite que elas tinham na intervenção aparecia no momento de utilizar instrumentos ... as mulheres não deviam utilizar nenhum instrumento.

Com esta distinção, os médicos pretendiam assegurar o poder máximo na intervenção, e as parteiras apareciam, então, como auxiliares.

A introdução da prática médica masculina na ginecologia e obstetrícia significou, ao longo desse período, o afastamento definitivo das parteiras, curandeiras etc. do primeiro escalão da assistência à saúde das mulheres. Foi justamente na "idade das luzes", final do

DAR A VIDA E CUIDAR DA VIDA **135**

século XVIII e começo do século XIX , que o discurso médico, apoiando-se na ideia de racionalidade e progresso, classifica a prática dessas mulheres de obscurantista: "o conhecimento faz progressos decisivos e vai permitir o triunfo da ignorância e do sofrimento. O parteiro fica ao lado da ciência e se levanta contra o obscurantismo das matronas" (Géli, 1977, p.74).

E foi com esta mesma linha de pensamento que se reduziu o papel social da mulher para os limites da família; valorizando-a como mãe e, como tal, passou a ser preocupação dos médicos: "... encarregados de proteger a vida, eles – os médicos – foram conduzidos a ver no corpo feminino a peça mestra da reprodução humana; foi como mãe, essencialmente, que a mulher se tornou para eles digna de cuidados". (Knibiehler & Fouquet, 1983, p.9).

Este processo todo culmina com o monopólio definitivo do saber obstétrico e ginecológico pela medicina científica, autorizando aos médicos não só os cuidados relativos à saúde das mulheres, mas, também, a normatização de suas vidas familiares. E como afirma Arruda (1987, p.8):

> essa empreitada não visa dissociar a mulher da conservação da vida, e sim lhe confiscar o poder que esta atribuição lhe confere. Na verdade, a cultura se encarrega de prolongar tal responsabilidade no papel da mãe, esposa, irmã, mas com o cuidado de ocultar sua relevância.

Nessa normatização, os cuidados com a vida têm conotação de base doméstica: a boa saúde da família é uma responsabilidade materna que começa no cotidiano. É a mãe, ou outra mulher em papel similar, que vai se encarregar da alimentação, da higiene, das visitas ao médico e da administração dos remédios quando necessário. Assim, a saúde da família passa primeiro e necessariamente pelo âmbito da casa, do privado (Scavone, 1989).

A responsabilidade das mulheres pela conservação da vida é muito notória nos períodos da gravidez e da amamentação, nos quais o "corpo a corpo" da mãe com a criança possibilita a fantasia de causa e efeito. Daí a existência de uma série de tabus e mitos relacionados com a alimentação da mãe e suas consequências no feto ou no bebê.

É como se, da responsabilidade de alimentar, as mulheres passassem a ter, também, a responsabilidade por toda e qualquer doença dos filhos.

O monopólio da obstetrícia pela medicina científica implicou a entrada das práticas tocológicas na era do capitalismo industrial: a medicalização sofisticada do parto e sua instrumentalização; as cesarianas necessárias e desnecessárias; as práticas das tecnologias de ponta com as fertilizações *in vitro*, os bebês de proveta. Assim, da parte da medicina, temos o desenvolvimento de um saber que, ao se mercantilizar, tornou-se de difícil acesso, estando ainda longe de beneficiar as mulheres das classes desfavorecidas, notadamente em países como o Brasil, nos quais a saúde pública engatinha. Prova disto é a coexistência em algumas regiões do Brasil de partos caseiros com partos hospitalares; de tratamentos médicos farmacêuticos com tratamentos caseiros à base de ervas. Entretanto, cabe ressaltar que os tratamentos caseiros não representam necessariamente um fator de estagnação, já que não se trata de opor o tradicional ao moderno, e sim levantar os dois lados da mesma questão.

Se, por um lado, a medicina científica contribuiu para diminuir os riscos da procriação, por outro se distanciou das mulheres, construindo uma barreira entre o saber médico-científico e o saber empírico feminino; em última instância, entre os médicos e as mulheres. Além do mais, utilizou, muitas vezes, as mulheres como cobaias de experimentos, nem sempre com bons resultados. Assim, é possível falar numa inversão de papéis: de socialmente legitimadas como conhecedoras dos assuntos ligados à saúde reprodutiva, as mulheres tornaram-se meras "curiosas", "comadres".

Quanto ao saber empírico feminino em relação ao parto, por exemplo, é possível dizer que, de um lado, se praticado sem assepsia e com resistência à incorporação de conhecimentos novos, ele pode pôr em risco a vida das mulheres e/ou crianças; de outro, este saber parte de um conhecimento que as mulheres têm em relação a seu próprio corpo, fato que as aproxima e as fazem vivenciar com mais tranquilidade os momentos da procriação. Enfim, não é nem o saber tradicional nem o saber científico que garantem a vida das mulheres, mas as formas de serem aplicados.

Uma síntese, talvez?

Além das duas faces da mesma moeda está a possibilidade de questionar a má utilização do saber médico-científico e de planejar a recuperação do saber empírico das mulheres, no sentido de devolver-lhes o poder que este saber lhes confere. Não foi – nem é – por acaso que o movimento feminista teve a saúde – e ainda tem – como um de seus eixos de luta.

Nos Estados Unidos, os movimentos populares pela saúde ocorreram atrelados ao movimento feminista, no século XIX, lutando contra a mercantilização da medicina, pelo aprendizado médico das mulheres e refletindo criticamente sobre a própria ciência médica (Ehrenreich & English, 1973).

No Brasil, formaram-se numerosos grupos feministas na década de 1980, voltados exclusivamente para as questões da saúde, preocupados em recuperar o saber empírico das mulheres, por meio de pesquisas socioantropológicas e, também, da abertura de espaços informais de aprendizado, nos quais circulassem informações científicas sobre o ciclo reprodutivo das mulheres (Xavier et al., 1989; Scavone, 1989).

O feminismo, procurando resgatar o saber empírico das mulheres e, ao mesmo tempo, assimilar criticamente as conquistas da medicina científica, no que se refere à ginecologia e à obstetrícia, provavelmente é, como movimento social, um dos elementos mediadores entre o estado atual da prática médica e a construção de um novo saber e uma nova prática. Se conseguirmos chegar lá, isto vai implicar, certamente, novas dimensões da maternidade e da saúde, nas quais a mulher voltará a participar como sujeito de sua própria história.

Caso contrário, é possível até se pensar na hipótese cada vez mais palpável de que, um dia, a maternidade não se passará mais no corpo da mulher. Ficará somente nos tubos de ensaio e controlada pelos cientistas.

Menino chegando a sua casa. Raposa, Maranhão. Foto: Alain Brugier

Reunião de mulheres, em Raposa, Maranhão. Foto: Alain Brugier

Mulher, com os filhos, carregando água. Quebra-Pote, Maranhão. Foto: Alain Brugier

Meninas buscando água. Quebra-Pote, Maranhão. Foto: Alain Brugier

8
AS MÚLTIPLAS FACES DA MATERNIDADE

Preâmbulo

Este texto foi publicado em 1985 – resultado de uma pesquisa realizada entre 1982 e 1984 em São Luís do Maranhão – e foi um marco inicial das reflexões teóricas e empíricas que constam deste livro.[1] A pesquisa que lhe deu origem foi o primeiro trabalho sobre saúde das mulheres, de um ponto de vista socioantropológico e feminista, feito no Maranhão, inaugurando uma série de outras pesquisas e intervenções políticas que se seguiram, sob a coordenação do Grupo de Mulheres da Ilha.[2]

---

1 Publicado em *Cadernos de Pesquisa*, FCC, 54, 1985, p.37-49. Pesquisa "Saúde das mulheres na Ilha de São Luís: maternidade, contracepção e aborto", financiada pela fundação Carlos Chagas/II Concurso Dotações, Pesquisa sobre Mulheres/CNPq com apoio institucional da Universidade Federal do Maranhão.

2 Grupo feminista fundado em 1980, hoje uma Organização Não Governamental (ONG). Segue atuando em pesquisa e intervenção na área de saúde, política e questões rurais. Agradeço a Mary Maria Ferreira, integrante histórica desse grupo, pelas informações e atualizações valiosas que propôs a este texto, destacando seu papel proeminente na continuação do trabalho desse grupo.

Vinte anos passados, as condições de saúde, encontradas no contexto da pesquisa, mudaram. No período referido, as ações do movimento social pela saúde e do movimento feminista estavam em ebulição, fortalecendo-se no final dos anos 80 e nos anos 90, com a criação dos Conselhos Estaduais de Saúde, com a instalação do Sistema Único de Saúde (SUS) e a universalização do atendimento à saúde, com a execução e a ampliação de um Programa de Assistência Integral à Saúde da Mulher (PAISM),[3] em nível nacional, entre outras.

Na Ilha de São Luís, o número de leitos hospitalares cresceu, o atendimento pré-natal se ampliou e a rede pública de serviços de saúde se estendeu às comunidades que pesquisamos. Das mudanças ocorridas merece destaque também a atual organização das categorias profissionais, das quais faziam parte as mulheres pesquisadas: as parteiras hoje atuam como agentes de saúde; as trabalhadoras rurais têm seu trabalho na roça reconhecido; as mulheres com trabalhos ligados à pesca (costura, remendo de redes de pesca, preparo do peixe, cozimento do camarão) reivindicam reconhecimento como pescadoras.

Entretanto, diversos problemas ainda permaneceram em níveis nacional e, sobretudo, regional. A situação econômica, social e política do Estado do Maranhão – o estado com o mais baixo índice de desenvolvimento humano do país (IDH no ano de 2000) e que se mantém nesta classificação há uma década – e as dificuldades para implementação de políticas públicas de saúde promissoras, como é o caso do PAISM, indicam a complexidade da situação.

Assim, também, persistiram indicadores que demonstram os empecilhos à mudança. Entre estes, por exemplo: o aumento da mortalidade neonatal, a partir de 1995, que pode estar associado a deficiências na assistência ao pré-natal, ao parto e ao recém-nascido

---

3 Cabe lembrar o importante papel das Conferências Nacionais de Saúde, que contribuíram para incluir as demandas dos diferentes setores sociais em políticas públicas efetivas. Sobre as dificuldades de implementação do PAISM, ver a nota 3 do capítulo 3 deste livro.

(Ribeiro & Silva, 2000); o baixo índice de profissionais de saúde *per capita* (IBGE, 2001).[4]

A cidadania conquistada pela organização no trabalho e as outras mudanças apontadas caminharam, lado a lado, com situações que permaneceram, evidenciando que a cidadania reprodutiva está relacionada às questões de gênero, de classe e de raça/etnia. Por estas razões, parte significativa do conteúdo deste artigo – no contexto das desigualdades sociais e sexuais existentes no país e, particularmente, no Nordeste, cenário desta pesquisa – é, infelizmente, ainda muito atual. Por outro lado, outra parte resgata práticas tradicionais dos saberes populares, que pouco a pouco vão se perdendo, ou se mesclando aos saberes institucionais.

As faces

Que faces são estas que multiplicam o ser mãe? É necessário inicialmente pensar a maternidade como um dado não só biológico, mas também sociológico e antropológico, para se compreender os múltiplos aspectos que implicam o ser mãe, assim como as possíveis variações deste fenômeno na História e até em uma mesma sociedade.

Quando falamos em maternidade, não podemos ignorar, em primeiro lugar, uma de suas faces mais evidentes: a da responsabilidade feminina na reprodução humana, desde a responsabilidade pelos corpos gerados – seja na gravidez, no parto, na amamentação seja na continuidade da vida da criança – e pelo controle da concepção, pois os métodos contraceptivos são, em sua maioria, femininos.

Em segundo lugar, parece-nos oportuno lembrar os aspectos socioeconômicos envolvidos na reprodução humana e como mar-

---

4 A relação é de um profissional de saúde para mil hab., a menor da região Norte/ Nordeste. Além disso, é bom lembrar que na região Nordeste há o terceiro maior índice do país de mortalidade feminina por causa materna (Redesaúde, 2001). A morte materna é decorrente de complicações na gestação, no aborto, no parto ou no puerpério, as quais poderiam ser evitadas com melhorias nos serviços públicos de saúde. Em geral, os índices de mortalidade são subestimados e refletem o grau de desenvolvimento econômico e social do contexto em que ocorrem.

caram ideologicamente as concepções a respeito da maternidade. Verificamos, por exemplo: em determinados momentos históricos, a maternidade prolífera é o modelo ideal e, em outros momentos, é justamente o contrário; a amamentação no peito materno já foi desprezada, depois valorizada e recuperada, como elemento importante da relação mãe-criança. De fato, o fenômeno biológico da maternidade é constituído pela dinâmica de interesses políticos, econômicos e sociais que caracterizam até alguns aspectos psicológicos deste ato. Como explicar a ansiedade e a culpa que, frequentemente, acompanham o ser mãe em nossa sociedade?

Além disso, devemos considerar, também, as questões culturais e subjetivas que envolvem outra face da maternidade, a de sua negação. E, neste caso, lembramos a contracepção e o aborto, duas possibilidades que as mulheres têm de dizer não à maternidade como fato biológico irreversível. Tal possibilidade de recusa não seria, também, uma forma de as mulheres resistirem a um papel social que lhes foi atribuído como natural? Negar a maternidade significa que ela pode ser uma escolha e um direito, cuja decisão final fica a cargo das mulheres, suas principais autoras.

Precisamos lembrar ainda as conexões culturais e sociais entre a maternidade e a saúde das mulheres e, sobretudo, o fato de que a atenção e os cuidados pela saúde reprodutiva foram – e são – considerados intrinsecamente femininos. Em um primeiro momento, tal fato fez que as mulheres desenvolvessem um saber empírico nos cuidados pela saúde e pela vida; num segundo momento, este saber foi-lhes expropriado pelo saber oficial que as colocou na categoria de pacientes.

Todas essas questões nos parecem importantes para o conhecimento e a compreensão da maternidade como fenômeno social múltiplo. Este artigo desenvolve as ideias acima expostas com base em pesquisa que realizamos na sedutora Ilha de São Luís do Maranhão.[5]

---

5 Na Ilha de São Luís estão incluídas a Ilha de São José do Ribamar, Paço do Lumiar, Raposa e a cidade de São Luís.

A pesquisa: como, onde e com quem foi feita?

A pesquisa teve como objetivo conhecer a maternidade, a contracepção e o aborto na vida e na fala das mulheres da Ilha de São Luís, estabelecendo concretamente as condições de saúde dessas mulheres. Trabalhamos com as mulheres de cinco comunidades da Ilha, entre novembro de 1982 e dezembro de 1984. Destas comunidades, três tinham em comum o fato de serem *área de ocupação* – São Bernardo, Vila Padre Xavier e Vila Sarney –, de terem sofrido ameaças de expulsão e, ainda, de batalharem muito para conseguir condições mínimas de infraestrutura básica doméstica, como água encanada, esgoto, energia elétrica, transporte coletivo etc.

As outras duas comunidades pesquisadas – Raposa e Quebra-Pote[6] – viviam sobretudo da pesca, o que não ocorria nas demais, cuja maioria dos homens trabalhava na cidade em serviços diversos. Entretanto, essa diferença não era significativa no que dizia respeito às carências infraestruturais mencionadas.

Nestes locais, convidamos as mulheres para reuniões em grupos. Em algumas comunidades, já havia grupos construídos em Clubes de Mães. Em outras, os grupos formaram-se com a pesquisa. A dinâmica das reuniões foi estabelecida considerando o interesse que as mulheres pesquisadas demonstraram em conhecer mais sobre os métodos contraceptivos existentes, sobre o funcionamento de seus corpos e em falar de assuntos ligados à saúde durante a gravidez, o parto e a amamentação.[7] Por outro lado, procuramos, também, permear as discussões com os aspectos sociais da maternidade e da saúde: as condições de vida, os direitos e as relações sociais de sexo. Paralelamente às reuniões dos grupos, realizamos entrevistas individuais semidirigidas com 81 das mulheres participantes dos grupos.

---

6 Atualmente, Raposa é um município e há um movimento para Quebra-Pote também se tornar um.

7 Foram feitos painéis expositivos sobre o assunto, com base em informações do livro *Notre corps, nous mêmes*, do Coletivo de Boston e dos folhetos da série "Esse sexo que é nosso", da Fundação Carlos Chagas. Participaram de toda a pesquisa de campo Beatriz Fontana e Helena Brandão, e, numa parte dela, Maria Alzira de Oliveira, do Grupo de Mulheres da Ilha de São Luís.

A maioria dessas mulheres declarou não ter uma atividade profissional extradoméstica regular, e seus maridos ou companheiros tinham renda mensal em torno de um salário mínimo. Das que se declararam solteiras vivendo sozinhas com os filhos – oito delas –, uma trabalhava como servente em um hospital (Vila Padre Xavier); duas faziam renda (Raposa) e as demais cuidavam dos afazeres domésticos em casa de terceiros (Quadro 1).

Quadro 1 – Informações sobre as mulheres pesquisadas

Faixa etária/número de mulheres	Estado civil	Atividade extra-doméstica*	Fizeram pré-natal	Local do parto
De 61 a 65 anos – 3				
De 56 a 60 anos – 2		Rendeiras-22		
De 51 a 55 anos – 4		Costureiras-2		
De 46 a 50 anos – 5	Solteiras-8	Professoras	Sim, de todas as	Em casa-29
De 41 a 45 anos – 6	Casadas-61	primárias-3	gestações-31	Hospital-32
De 36 a 40 anos – 10	Juntadas-9	Servente	Sim, da última-12	Casa e
De 31 a 35 anos – 18	Viúvas-3	hospital-1	Não-34	hospital-29
De 26 a 30 anos – 13		Serviços		
De 21 a 25 anos – 13		domésticos p/		
De 17 a 20 anos – 3		terceiros-5		
Total-81	81	33	80**	80

* As rendeiras, costureiras e as que lavam roupa executam o trabalho em suas casas, combinando-o com as tarefas domésticas. Chamamos de atividade "extradoméstica" qualquer trabalho remunerado.

** Uma mulher sem filhos.

Em Raposa, das 28 mulheres entrevistadas, 22 exerciam o ofício de rendeiras, muito comum nessa comunidade. Embora se possa classificar esse ofício como um trabalho extradoméstico, por ser remunerado, ele aparecia integrado aos afazeres cotidianos destas mulheres. Segundo elas, os benefícios desse trabalho eram muito escassos e não cobriam as necessidades da família. Em Quebra-Pote, as mulheres declararam trabalhar na roça, já que nesta comunidade, além da pesca, existia também uma lavoura de subsistência, principalmente de mandioca, milho e feijão.

Das 81 mulheres que compuseram o universo total da pesquisa, três eram professoras primárias, exercendo a profissão nas escolas das comunidades (São Bernardo, Vila Sarney e Quebra-Pote) e recebendo salários irrisórios. As mulheres pesquisadas compartilhavam o mesmo universo social, das carências materiais básicas, sendo possível agrupá-las de forma genérica na categoria de baixos recursos.[8] O conjunto dos dados colhidos foi trabalhado, primeiramente, visando ao retorno para o grupo pesquisado. Partimos de uma questão considerada o tema de fundo da pesquisa: "Como vai a saúde das mulheres?". Notem-se os Quadros 2 e 3:

Quadro 2 – Como vai a saúde das mulheres de Quebra-Pote?

Nome	Idade	Nº de gestações	Nº de filhos vivos	Nº de filhos mortos	Abortos	Evitou filhos
A.	23	4	2	2	–	Sim "pílula contra"
B.	27	8	4	3	1	Sim anticoncepcional "pílula contra"
C.	40	10	8	2	–	Não
D.	52	17	10	6	1	Não
E.	32	10	7	3	–	Não (fez laqueadura)
F.	31	10	7	3	–	Não
G.	31	10	2	4	4	Não
H.	38	9	8	1	–	Não
I.	34	9	7	2	–	Não
J.	36	7	6 (1 adotivo)	2	–	Não (fez laqueadura)
K.	34	10	5	4	1	Não
L.	34	17	13	3	1	Não
M.	59	8	3	5	–	Não

---

8 Segundo Queiroz (1983, p.36), esta definição é mais abrangente e pode incluir diversos tipos de trabalhadore(as), não só os(as) assalariados(as), mas ainda os(as) que 'vivem de expediente".

Quadro 3 – Em que condições são mães?

Nome	Idade	Parto em casa	Parto no hospital	Pré-natal	Detalhes importantes
A.	23	Sim, assento, na cama com parteira.	Sim	Não	Do meio para o fim da gestação, sente-se doente, fraca.
B.	27	Não	Sim	Sim dos 4 últimos	Teve dois sozinha na maternidade. Teve um na sala de pré-parto, porque não tinha leito desocupado.
C.	40	Sim, assento, com parteira na rede.	Não	Sim de 2	Partos rápidos, a placenta demorava a sair. A parteira fazia uma reza para Nossa Senhora.
D.	52	Sim, assento, na cama com parteira.	Não	Não	Partos rápidos, dois teve antes de a parteira chegar. A mãe cuidava.
E.	32	Sim, na cama com parteira.	Sim	Não	Teve alguns sozinha, em casa antes de a parteira chegar.
F.	31	Sim, na cama com parteira.	Sim (última)	Não	Do quarto filho em diante teve muita hemorragia antes do parto. Do último teve eclâmpsia.
G.	31	Sim	Não	Não	Teve um aborto na maternidade. Deixaram os restos da placenta. Infeccionou, fez curetagem.
H.	38	Sim, na rede, cama, com parteira.	Não	Sim (último)	Passa dois, três dias com dor antes de ter os filhos.
I.	34	Sim, assento, na cama, com parteira.	Não	Sim (último)	Primeiro parto difícil. Depois, partos rápidos; um sozinho na rede antes de a parteira chegar.
J.	36	Sim, na rede, cama, com parteira.	Sim (último)	Sim (último)	O segundo teve sozinha em casa. O último nasceu morto.
K.	34	Sim, assento com parteira.	Sim (último)	Não	Só tem filho se o marido estiver encostado, senão pensa que vai morrer.
L.	34	Sim, na cama, com parteira.	Sim	Não	Teve alguns partos sozinha, antes de a parteira chegar.
M.	59	Sim	Não	Não	Não quis mais saber de homem, porque vivia doente do útero. Sabia pela lua quando o filho ia nascer.

Do biológico ao social:
a face da gravidez, do parto e da amamentação

As relações das mulheres com as características biológicas da maternidade ocorrem em determinados momentos – gravidez, parto, amamentação – em que o cultural e o natural se cruzam. O envolvimento com a gravidez, o tipo de parto, a importância dada à amamentação são marcados pela sociedade na qual estão contextualizados.

Entre as mulheres pesquisadas, observamos que a gravidez aparece como um acontecimento natural, quase rotineiro, vivido, aparentemente, sem muitos entusiasmos ou decepções; em cada grupo foi frequente encontrar duas, três ou mais gestantes. A alta média de gestações entre essas mulheres – quatro a seis filhos(as) – pode ser um dos fatores explicativos deste fato.[9]

Os depoimentos dessas mulheres a respeito da gravidez demonstraram uma relação constante deste momento da maternidade com a saúde: ou associavam a gravidez a muita energia e saúde (o que parece ser bastante comum na zona rural do Maranhão) ou à falta de saúde e fraqueza física. No primeiro caso, a gestação aparece como um fato positivo, socialmente valorizado:

> o pessoal disse que eu ficava bonita, cadeirudona, com o patrimônio bem desenvolvido ... a gente se sente mais segura (Maria do Carmo, São Bernardo); [o médico] disse que, quando ele vê lá uma mulher muito doente, ele passa um remédio para ela ficar grávida, porque a mulher só tem saúde quando está gestante ... Durante os meus nove meses, eu não andava lá [no médico], porque eu não sentia nada, era uma gravidez sadia (Neide, São Bernardo).

Quanto à falta de saúde, é preciso levar em consideração as condições de vida no contexto pesquisado, as quais não possibilitam ali-

---

9 Em 2000, a taxa total de fecundidade (isto é, "o número médio de filhos nascidos vivos tidos por mulher ao final de seu ciclo reprodutivo") das mulheres maranhenses é de 3,2 filhos(as). No Brasil, esta taxa é de 2,4 (IBGE, 2001).

mentação equilibrada, causando carências nutritivas capazes de afetar a saúde em período normal, agravando-se, ainda mais, durante a gravidez. Conforme declaração de uma médica do serviço público de saúde em São Luís, a anemia é tão comum nas mulheres que aí circulam que não é necessário pedir-lhes exames:

> pré-natal... eles passam só injeção... e pelo menos se eles passassem para fazer exames, a gente ia fazer um exame ... mas eles só passam injeção; quando não, é esse remédio para anemia (Ana, Vila Padre Xavier).

Por outro lado, é interessante lembrar a tendência da medicina atual em fazer da mulher grávida uma doente, sujeita aos cuidados médicos, predispondo-a a tratamentos constantes, como pessoas com problemas de saúde ou portadoras de alguma deficiência (Kitzinger, 1978). Todos estes fatores contribuem para que as mulheres tenham vários problemas de saúde durante a gravidez:

> minhas gravidezes são aborrecidas, muito aborrecidas, do meu segundo filho eu tive entojo nove meses, passando mal, mal, me dava tontice, me dava aquela doidice e eu caía assim ... tinha vez de eu bater com a cabeça pelas paredes e assim que era (Neusa, Vila Sarney).

Em relação à sexualidade durante a gravidez, muitas mulheres declararam ter uma vida regular somente nos primeiros meses, enquanto outras acreditavam que a relação sexual nos últimos meses contribuía para um parto mais fácil:

> porque quando a mulher está grávida e não tem relação, quando é para ter a criança ela não tem quase o canal aberto, né? Então ela tendo relação com o marido o canal fica mais aberto ... porque eu fiquei grávida em São Luís, mas fui ter a criança lá no Porto Rico e aí fiquei três meses sem ter relação com o homem, né? Eu acho que foi por isso que a menina custou a nascer (Maria Isabel, Vila Sarney).

Verificamos que, principalmente, mais para o interior da Ilha, as mulheres praticavam o parto em casa: de cócoras, em banquinhos especiais, conhecidos como assento, ou deitadas no chão, ou na rede, ou na cama, mostrando uma resistência em irem a uma maternidade, não só por se sentirem menos protegidas afetivamente, como também por não confiarem nos métodos ali utilizados. Das mulheres entrevistadas, 67,9% declararam ter feito, ao menos uma vez, o parto em casa:

> as colegas diziam que ter filho na maternidade era ruim, porque às vezes cortavam, costuravam e a pessoa não podia ficar normal. Quer saber, mamãe já teve dezoito filhos, nunca teve problema nenhum. Aí, eu fiquei naquela, uma mulher gorda, sadia, ia ter meu filho em casa (Beth, São Bernardo).

O parto de cócoras, tradição cultural indígena, ainda é relativamente valorizado pelas mulheres pesquisadas, sendo considerado a melhor solução para dar à luz: "peraí, tá só nós [foi buscar o banco], senta nesta posição [agachada], firma e faz força. E aqui [embaixo] fica uma esteira com os panos, pro mode a parteira segurar" (Maria do Carmo, Raposa).

Muitas delas, entretanto, declararam preferir o parto horizontal, por ser mais confortável: "foi com parteira assim ... fazia a cama no chão e a gente deitava. Assim que era" (Nadilene, Raposa). Ou ainda na rede: "aí que fiquei mesmo deitada na rede, aí foi a hora da criança nascer, aí eu tive a menina na rede" (Maria Santana, Quebra--Pote). É interessante lembrar que o parto de cócoras é utilizado hoje no Brasil em algumas clínicas especializadas que valorizam o retorno ao parto natural.[10]

A amamentação, uma rotina comum entre as mulheres das comunidades estudadas, merece cada vez mais atenção das políticas de

---

10 Atualmente, essa questão avançou muito no país, existindo um movimento pela implementação de políticas para o "parto humanizado", que não é, necessariamente, de cócoras, mas promove técnicas naturais com menor intervenção médica e com acompanhamento de familiares, entre outros itens. Há pelo menos três hospitais públicos no país voltados para esse tipo de atendimento ao parto. Configura-se, também, como tentativa de diminuir os números de partos por cesariana. Dossiê Humanização do Parto (2002).

proteção à maternidade.[11] Assim, 91,3% das mulheres pesquisadas declararam ter amamentado de um período de um mês até três anos ou mais. A importância do ato de amamentar foi seguidamente atribuída à boa saúde das crianças – "... mamaram bem, não foram meninos doentios porque mamaram, os que não mamaram são doentes" (Maria do Carmo, Quebra-Pote) – e, também, à garantia de alimentação, "... porque a gente é pobre, não tem condição de dar alimentação para os filhos todo o tempo, todo o tempo ... E tendo a alimentação da mãe, já garante" (Maria Santana, Quebra-Pote).

Algumas das entrevistadas associavam a amamentação ao fato de não engravidarem:

> e assim era, de três anos para quatro anos, dois anos para três anos, aí que eu tinha. Eu deixava de dar de mamar, aí, ficava. Pois olha ... criando os meus filhos e se amamentar três anos, três anos eu não menstruo. (Marly, Quebra-Pote)

Outras interromperam a amamentação assim que engravidaram:

> amamentei todos. Só teve uma que não amamentei; só mesmo dois meses que ela mamou; aí ela adoeceu, morreu. Mas o resto todinho é ano e um mês, oito meses, sete meses, cinco meses. Aí que ficava gestante, aí eu tirava [do peito]. (Sabina, Quebra-Pote)

A análise destes depoimentos desvenda um universo no qual subsistem práticas reprodutivas tradicionais e a amamentação materna pode ser um valor ditado não apenas pela cultura regional, que valoriza a relação mãe-criança (no ventre e no seio), mas, também, pela necessidade de assegurar a sobrevivência das crianças ou a anticoncepção. Eles nos mostram que as formas de relacionamento mãe-criança não são homogêneas, apesar do substrato comum biológico, variando de acordo com as características de cada grupo so-

---

11 No Brasil, o aleitamento materno passou a ser valorizado a partir do século XIX, quando "a vida de criança de elite passou a ter importância econômico--política" (Costa, 1979, p.256).

DAR A VIDA E CUIDAR DA VIDA   **153**

cial, o que dá feições particulares a cada um dos momentos tratados, situando-os entre o natural e o social.

A face do desejo e da negação

O desejo de ser mãe, nessa pesquisa, realiza-se na relativa constância das mulheres no modelo de maternidade prolífero, o qual começa a ser questionado: "... eu não queria ter esses filhos todos, queria ter menos ... estou querendo ligar, vou ver se consigo, já chega minha irmã. Olhe, cinco filhos, a época está ruim até para ter um" (Raimunda, São Bernardo).

À primeira abordagem, supõe-se que as precárias condições de vida das entrevistadas e a desinformação a respeito dos métodos contraceptivos são os principais fatores na ocorrência de proles numerosas. Embora eles sejam importantes, deve-se considerar, igualmente, o significado e o desejo da maternidade no universo estudado. Isto porque a vontade de ter filhos(as) aparece como um fato inquestionável e de bastante força na vida destas mulheres, apesar de todas as dificuldades materiais que enfrentam no cotidiano. Este desejo é justificado por fatores circunscritos ao plano afetivo e psicológico, os quais representam elementos importantes à realização da maternidade.

Primeiramente, a presença dos filhos(as) foi apontada como uma segurança presente e futura contra a solidão. É o que se pode depreender do relato de Delmira: "... acho muita coisa. Eu tenho ao menos meus filhos para me amparar quando eu estiver doente, quando envelhecer". E também de Maria Lídia: "... antes de ter essa outra, eu achava muito ruim, passava o dia todinho só, sem ter ninguém para brigar", ambas de Vila Padre Xavier.

Numa sociedade em que o Estado não assegura velhice tranquila a seus cidadãos, é normal que este tipo de preocupação se desloque, sobretudo, para os(as) filhos(as), tanto pelo que representam afetivamente, como por abrirem esperanças para o futuro. Além disso, os(as) filhos(as) são a representação viva de um trabalho cotidiano e invisível pela reprodução da sociedade.[12] Cabe lembrar a situação específica de insegurança social da maioria das mulheres desta pesquisa, que, não tendo uma profissão extradoméstica, não se beneficiam de nenhum tipo de seguro social, somente quando casadas com homens assegurados. Ainda que trabalhem muitos anos para criar os(as) filhos(as), este trabalho não é contabilizado econômica e socialmente. Assim, é possível interpretar estas falas como uma aspiração de segurança não só material e afetiva futura, mas, também, de reconhecimento por um trabalho invisível. O trabalho doméstico sem os(as) filhos(as) seria ainda mais invisível, mesmo sendo consumido por outras pessoas da família.

Em segundo lugar, a existência dos(as) filhos(as) possibilita às mulheres exercerem poder e autoridade no espaço doméstico que foi apontado como compensador e gratificante:

> não é muito bom não, mas também não é muito ruim ... A gente ter os filhos da gente para fazer os mandados da gente ... bem que é bom. (Maria Deolinda, Raposa)

> eu acho uma boa que a gente tem ao menos um filho para mandar. Ser mãe é bom ... sim, fazer mandado, porque a gente, embora não sendo mãe, mas a gente tem vontade de ser mãe quando vê outra sendo mãe. (Francisca, Quebra-Pote)

O fato já referido destas mulheres não terem, em sua maioria, outra profissão fora do espaço doméstico faz que a presença das crianças seja mais do que uma necessidade: um elemento de autossegurança e autovalorização pessoal e social (Ribeaud, 1979). É interessante observar que a possibilidade de exercer um poder limitado e específico – num contexto em que a maioria das mulheres está, po-

---

12 Este trabalho acompanharia todas as fases da reprodução, desde a gravidez. As mulheres entrevistadas utilizavam frequentemente o termo "descansar" para o ato de parir. Podemos supor que com isso estavam expressando a ideia de que o tempo de gestação é um período de trabalho intenso – cujo parto/descanso aparece como o ápice de uma relação fusional mãe/criança – que continua, de outra forma, no período subsequente.

lítica, econômica e socialmente, no polo dominado – pode significar não só uma forma de compensação social, mas de subjetivar o desempenho de um papel que lhes é culturalmente atribuído.

Além disto, nos grupos pesquisados, em que as privações materiais estão cotidianamente presentes, o ser mãe tem dimensões peculiares cuja importância não podemos negligenciar. Neste sentido, as falas das mulheres sobre o prazer e o amor que sentem pela presença dos(as) filhos(as) são bastante significativas:

> acho ser mãe uma coisa muito boa. Só ... o prazer de ver ele [o bebê] chegar ali e ficar ao seu lado. (Zilda, Vila Padre Xavier)

> eu gosto, eu adoro os meus filhos, para mim, separar dos meus filhos só por doença, ou por morte. Eu não tenho vontade de me separar dos meus filhos, neste ponto eu estou muito satisfeita. (Raimunda, Vila Sarney)

Mas permeado ao desejo de ter filhos(as) e o de tê-los(as) em menor número, está presente no universo pesquisado outro aspecto – a relação constante entre o ser mãe e a responsabilidade exigida por este papel:

> tem hora que eu penso assim que muita mãe, às vezes, se arrepende de ser mãe, porque muito filho não ajuda as mães, dá muita preocupação e trabalho, porque não dá carinho para as mães ... e muitas mães desejam nunca ter sido mãe ... Eu penso assim, ser mãe é uma responsabilidade muito grande. (Antônia, São Bernardo)

> eu só acho ruim esses meninos tudim, porque é uma barra muita pesada para gente, dar estudo, dar de comer, esses meninos tudim é um aperreio. (Maria Araniza, Raposa)

A esta responsabilidade soma-se a ausência dos pais na criação dos(as) filhos(as), fato constantemente apontado pelas entrevistadas:

> o que mais me ajudou foi o pai dessas aqui. Aqui e acolá, ele me dá arroz, banana, e quando tá precisando comprar remédio, ele dá um jeito. Foi o que mais me ajudou, apesar de ser do jeito que é, os outros pais de meus filhos nunca sequer me deram nada, nada. Inclusive só me conheciam quando eu estava grávida, não chegava a ver a cara do filho. (Joana, Vila Padre Xavier)

quem toma conta e quem cuida é só eu, ele é para o serviço mesmo, sai de manhã e às vezes chega de noite, de tarde quem cuida é só eu. (Maria Helena, Vila Sarney)

Entretanto, algumas mulheres demonstram não aceitar passivamente essa situação:

certas horas ele não quer me ajudar, aí eu falo para ele: "tu é pai, eu sou mãe, o mesmo direito que eu tenho de cuidar, tu também tem, os direitos são iguais". Aí ele ... me ajuda mesmo. Tem às vezes que tô muito ocupada ele faz o comer, quando não é, ele banha o menino, de mal jeito, mas faz. (Maria Auxiliadora, Vila Padre Xavier)

eu acho que deve ser assim... Ajudar um pouquinho a gente, para saber se é bom ter trabalho com as crianças. (Maria Teodora, Vila Sarney)

A responsabilidade pelos(as) filhos(as), o trabalho que eles(as) dão, é outro lado da moeda. Assim, nos depoimentos dessas mulheres, a maternidade expressa-se por um sentimento ambíguo e contraditório de desejo e fardo. O caráter ideológico da maternidade em nossa sociedade pode explicar a ambiguidade dessas falas: se, por um lado, ela é valorizada, por outro não são dadas condições materiais para a sua realização, e, em consequência desta falta, a maternidade como prazer torna-se privilégio de classe. Entretanto, tal privilégio apoia-se numa desigualdade profunda, que perpassa todas as classes sociais: a que desfavorece as mulheres em benefício dos homens no conjunto das relações sociais.

Portanto, esta configuração da maternidade leva inevitavelmente ao questionamento da atuação exclusiva do sexo feminino na maior parte das funções atribuídas ao ser mãe. O desempenho de tais funções impede ou dificulta a participação das mulheres em outras esferas do social e, muitas vezes, não permite que usufruam o próprio prazer da relação com as crianças.

Jogando mais uma vez a moeda para o alto, seguramente encontraremos outra face da maternidade, a de sua negação. Esta negação compreende dois aspectos fundamentais: primeiro, a possibilidade das mulheres evitarem filhos, ou seja, superarem o fatalismo biológico que as define essencialmente como mães, desvinculando, assim, sexualidade de reprodução; segundo, a possibilidade de interromperem uma gravidez indesejada, porquanto não basta estar grávida para tornar-se mãe.

No tocante à contracepção, uma das primeiras constatações, a mais evidente, é a ausência de contraceptivos masculinos eficazes.[13] Assim, a liberdade na escolha da maternidade passa necessariamente pelo encargo das mulheres na utilização de métodos contraceptivos. E aí não há muitas opções: ou se lança mão dos métodos existentes ou se entrega a tarefa ao acaso. A escolha destes métodos fica restrita e também determinada pela situação de classe e, consequentemente, pelos diferentes meios de que cada classe dispõe de acesso à informação e às instituições médicas.

Observamos que a maioria das mulheres revelou desconhecimento generalizado sobre métodos contraceptivos, até mesmo sobre a pílula anticoncepcional. Algumas declaram ter usado este método, porém não se adaptaram, e, frequentemente, veem a esterilização como a solução mais segura contra o risco de engravidar.[14] Cabe lembrar a respeito deste fato que o caráter irreversível da esterilização acarreta negação também definitiva da maternidade:

eu tava usando anticoncepcional, me atacou um nervoso. Aí, eu parei, menstruei uma vez, nunca mais, peguei logo. (Fátima, São Bernardo)

eu vivia me arreliando, minha cabeça ficava assim sufocada. Aí, eu disse: vou passar um mês sem tomar. Pronto... [engravidou]. (Socorro, São Bernardo)

---

13 Esta situação muda lentamente. Uma pesquisa (PNDS/BEMFAM, 1997) com homens de 15 a 59 anos, em união, mostrou que 2,4% deles recorriam ao condom e 5,2% tinham se esterilizado; os outros métodos referidos foram os utilizados pelas companheiras: 40,3%, esterilização feminina e 18,6% pílula contraceptiva. Embora a pesquisa aponte aumento significativo do uso da contracepção masculina em uma década, a tendência que permanece é a da manutenção do modelo de contracepção feminina.

14 O Maranhão é um dos estados com uma das maiores taxas de esterilização do país. Em 1986, 79,8% das mulheres em idade reprodutiva estavam esterilizadas (BEMFAM/IRD, 1987).

eu fiz [cesariana] por necessidade. Foi para ligar ... Porque eu não tenho mais condição de sustentar, não tenho marido, não tenho ninguém. (Deusamar, Vila Padre Xavier)

No entanto, observamos um fato muito marcante: as mulheres pesquisadas demonstraram interesse em discutir e aprender sobre a contracepção. Além do desejo de limitarem a prole, por causa das dificuldades materiais, há o desejo de viver a sexualidade independentemente da reprodução. A pouca informação e o difícil acesso destas mulheres aos métodos contraceptivos faz que se prendam ao estigma da sexualidade atrelada à reprodução:

eu não sou nem mulher mais ... está com cinco anos que eu não menstruo mais. (Maria Helena, Vila Sarney)

Mais do que a contracepção, o aborto é um *não* difícil, não só por implicar uma decisão sobre um fato já consumado, envolvendo também aspectos morais e religiosos, como também pelos problemas psíquicos e físicos advindos de sua prática. Na pesquisa, a maioria das mulheres declara-se contrária à prática do aborto, embora muitas delas admitam ter tomado chás e preparados nos primeiros meses de gravidez para "arriar" o filho.

O fato de ingerirem ervas não é vivido por elas como um verdadeiro aborto; só é assim nomeado quando há interferência de uma terceira pessoa, seja médico(a), parteira ou especialistas no gênero, ou quando já passou mais de um mês de gestação. Além disso, neste contexto, a relação aborto/morte aparece como uma realidade sempre possível, povoando o imaginário destas mulheres:

eu ficava, eu fico com pena. Minha avó diz que, se fosse pecado, Deus não perdoa ... pode até cobra enrolar no meu pé ... não tinha coragem, sabe por quê? Porque ficava assim imaginando morrer. Eu digo: sabe, se for fazer isso, eu vou morrer. (Maria Deolinda, Raposa)

As condições sociais e econômicas destas mulheres as expõem muito mais que as mulheres de classe média e alta aos riscos de aborto provocado, seja de morte seja de sequelas graves para a saúde.

Elas vão procurar o que lhes é oferecido, o que, no caso, significa o pior. A ilegalidade do aborto no Brasil dá margem à exploração econômica por profissionais duvidosos.

É possível dizer que tanto a contracepção como o aborto estabelecem uma ruptura com a natureza, já que também expressam o caráter cultural e social da maternidade, isto é, não basta ser mulher, nem estar grávida, nem tampouco parir, para ser mãe.

Em relação a isto, é interessante observar a distinção de que as mulheres pesquisadas fizeram entre o ter e o ser mãe. Mencionando o ditado popular "Quem pare sente dor, quem cria sente amor", elas comentaram:

> as meninas ... dizem assim; mamãe eu quero criar, mas não quero ter, Eu já digo assim: se vier em paz, com um parto normal, eu quero ter, mas não quero criar. (Maria Cacilda, Raposa)

> ruim é ter ... Não, criar não é tão ruim, porque assim a gente quer ir para uma parte, bota no braço e leva, já está andando a gente leva, vai crescendo. (Maria Deolinda, Raposa)

Entre o sim e o não, entre a cara e a coroa, ainda é possível encontrar outras faces, outras máscaras, outras técnicas, outros jeitos que fazem da maternidade não só um fenômeno biológico, mas também um bloco de ideias e práticas sociais historicamente legitimadas, que situam as mulheres em uma posição específica no conjunto das relações sociais. E uma destas especificidades diz respeito à saúde, já que as mulheres, por serem mães biológicas, acabam sendo as principais responsáveis pela saúde de seus(suas) filhos(as).

A face da saúde e da medicina

A ponte existente entre as mulheres e a saúde é construída socialmente sobre os alicerces não só de uma relação inequívoca das mulheres com a reprodução e com a maternidade, mas, sobretudo, de uma relação desigual entre os sexos.

Os momentos propriamente biológicos da maternidade, a gravidez, o parto, a amamentação marcam profundamente a relação das mulheres com a saúde e, em última instância, com a medicina. Isso porque esses momentos são em geral medicalizados e, também, pressupõem a responsabilidade das mulheres pela boa saúde das crianças. E esta responsabilidade amplia-se durante todo o período em que a criança depende da mãe e, muitas vezes, ela persiste até a idade adulta.[15] Isto faz que as mulheres estejam constantemente envolvidas com a medicina, tratando de problemas ginecológicos, obstétricos ou pediátricos, consumindo e aplicando medicamentos.

Assim, as mulheres são, em certa medida, agentes retransmissoras do saber médico institucional que concerne a seus próprios corpos, sem participar da produção deste saber. Além disso, elas estão sujeitas a uma hierarquia médica que se fundamenta em uma concepção de "natureza feminina" sensível, paciente, devota, sempre apta a cuidar dos outros (Knibiehler & Fouquet, 1983), que as situa na base de uma pirâmide – cujo ápice é ocupado predominantemente pelos homens –, como enfermeiras, assistentes, parteiras, enfim, ajudantes eficientes e indispensáveis ao trabalho rotineiro de saúde.

Por outro lado, a saúde das mulheres pode ser afetada por decisões que lhes são alheias, por exemplo as relacionadas com as políticas de reprodução, de controle ou de incentivo à natalidade. Neste sentido, não se pode esquecer que as mulheres são frequentemente objetos de experimentação na medicina. O relativo avanço, por exemplo, das pesquisas científicas a respeito de contraceptivos femininos só foram possíveis mediante a utilização efetiva que as mulheres fizeram desses métodos. O advento de métodos contraceptivos seguros como a pílula, com todas as ressalvas feitas a seus efeitos colaterais, permitiu-lhes escolher mais livremente a maternidade e viver sua sexualidade em outra dimensão que a reprodutiva. Entretanto, também, deu respaldo às políticas de controle de natalidade que não consideram o aspecto subjetivo da questão.

Não é demais lembrar a resistência dos homens a esses tipos de experimentos e o igual desinteresse da ciência em desenvolver pes-

---

15 É interessante lembrar que, no universo pesquisado, as mães são seguidamente citadas como assistentes dos partos e/ou das enfermidades dos(as) filhos(as) e orientadoras nos cuidados da saúde dos(as) netos(as).

quisas, buscando a contracepção masculina ou, ainda, a não divulgação de alguns resultados já encontrados neste campo. Parece-me importante ressaltar a contribuição das próprias mulheres na subjetivação da estratégia do planejamento familiar. Mais conscientes em relação à saúde de seus corpos, as mulheres contemporâneas desejam a realização de uma sexualidade independente da reprodução e a possibilidade de escolher ou recusar a maternidade. Independentemente dos interesses de programas de políticas demográficas, muitas mulheres já passaram a escolher se querem ou não ter filhos, quantos filhos querem ter e, também, começaram a exigir, cada vez mais, a participação masculina na contracepção.

Além da maternidade e da contracepção, a questão do aborto também envolve as mulheres diretamente com a saúde. Conforme já mencionamos, as restrições à prática ilegal do aborto na sociedade brasileira fazem que ele seja realizado clandestinamente, muitas vezes em condições precárias, colocando em risco a saúde e a vida das mulheres. Portanto, é importante considerar que, se em um momento, a condição de saúde das mulheres pode ser independente de suas decisões, passando a ser um assunto do Estado, em outro ela pode ser escolha das próprias mulheres, mas no quadro do que lhes é oferecido para escolher. E aí, sem dúvida, a situação de classe vai condicionar a própria oferta dos serviços de saúde.

Neste sentido, não podemos esquecer as difíceis circunstâncias a que são confrontadas as mulheres pesquisadas nas maternidades públicas de São Luís. A carência de infraestrutura básica nestas instituições vai desde a falta de leitos à pouca ou nenhuma assistência de médicos ou enfermeiras na hora do parto:

> o primeiro eu achei muito ruim, porque era o primeiro, não sabia de nada. Mas quando eu sentia uma dorzinha chamava o médico... passavam carão, diziam que eu era manhosa. Aí, eu disse, o jeito que tem é eu ficar mesmo com a minha manha e suportar. Aí eu fiquei, e na hora do neném nascer foi que eu dei um grito, aí eles vieram me atender. Quando foi o segundo, eu já tive sozinha na cama, porque aí eu não quis mais chamar, né? Aí, quando eles vieram, eu já tinha tido sozinha na cama. (Maria Celeste, Raposa)

um bocado de mulheres na fila, sem nenhum lugar para elas se sentarem, elas encostadas ali na parede esperando as outras terminarem de parir, para poder ceder a cama para elas, né? ... (Enfermeira estagiária de uma maternidade)

As mulheres fizeram referência ao relacionamento com os médicos e à forma como são tratadas e culpabilizadas por eles.

quando eu estava fazendo pré-natal, o médico brincou comigo e disse: – Tu és uma mulher já velha e ainda tem filho. (Maria José, Raposa)

fui para o hospital três vezes. Aí, o médico dizia que não era hora do menino nascer, para voltar quando as dores aparecessem. Da segunda vez, o doutor disse que não estava com dor para ter nenê, era dor de rins. Aí, eu disse que não voltava mais lá não, que eu já tinha tido dez filhos e sabia como era a dor. Passou um supositório e eu joguei no meio do mato. Eu sabia que supositório não resolvia aquela dor. (Angélica, São Bernardo)

Os médicos diagnosticam, sem informar o que está ocorrendo e, frequentemente, sem exames laboratoriais. Por outro lado, as mulheres não são ouvidas a propósito do que elas sentem e quando são ouvidas não são levadas a sério. Trata-se de uma concepção curativa da medicina, em que o tratamento do sintoma é prescrito de forma isolada do resto do corpo e, também, do contexto social da doença, não havendo a preocupação em atacar as causas, mas sim os efeitos das enfermidades.

Estabelece-se, então, uma verdadeira barreira entre a medicina científica e as mulheres usuárias que dela são objeto. É bastante perceptível o descrédito dado pela medicina ao uso que essas mulheres fazem de remédios caseiros, bem como a inibição que elas declararam sentir diante do poder médico instituído. Mas esta relação assimétrica dá lugar à certeza de que os médicos não resolvem os problemas de saúde que as afligem: "Que adianta ir ao médico, se ele nem examina e só passa remédio?", repetem elas constantemente. Os remédios são caros e nem sempre eficientes, às vezes causando outros males.

É possível dizer que a valorização da medicina farmacêutica é um fenômeno recente entre essas mulheres e não exclui o uso do conhecimento popular para tratamentos mais imediatos. O hábito de automedicação e a prática simultânea de dois tipos de tratamento – farmacêutico e caseiro – são as formas que elas encontraram para evitar as difíceis e, frequentemente, inúteis idas ao médico. Os medicamentos caseiros, chás, ervas, raízes são relativamente utilizados e valorizados pelas mulheres pesquisadas. O conhecimento sobre esta medicina é, geralmente, transmitido oralmente às mulheres mais jovens pelas mulheres mais velhas. Para evitar filhos elas utilizam desde limão azedo, lavagem com vinagre, álcool e sal, "pílula contra" – medicamento popular utilizado contra todos os males na região –, coito interrompido, camisinha até a pílula anticoncepcional e, por fim, a esterilização.[16]

Quanto aos métodos utilizados para abortar foram referidos: diversos chás (são-caetano, cabacinha, folha de algodão, mulatinha, alfazema), raízes (fedegoso, janaúba, mangiroba, tinoco), além de óleo de mamona, cachaça, remédios populares como "pílula contra", "paulo famoso", "quinino", entre outros. Estas substâncias, na maioria das vezes, são ingeridas em misturas, para fortalecer suas qualidades abortíferas.

A relativa permanência do uso de medicina caseira neste universo pode ser explicada, em parte, pelas dificuldades de acesso das mulheres às instituições públicas de saúde, pelos seus limitados recursos financeiros para o consumo dos medicamentos farmacêuticos e pelo próprio ceticismo em relação à eficiência deles. Mas não se pode esquecer que o saber popular nas questões de saúde faz parte de uma tradição cultural profundamente enraizada no cotidiano das mulheres desta região.[17]

---

16 Conforme já nos referimos, a esterilização feminina tornou-se o principal "método" contraceptivo entre as mulheres maranhenses e, aliás, entre as brasileiras.

17 Atualmente, as mulheres maranhenses recorrem ao *Cytotec* para interromper uma gravidez indesejada. Esse medicamento, assim como as ervas, não consiste em uma intervenção externa, o que facilita sua aceitação entre as mulheres.

Parteiras leigas, feiticeiras do cotidiano

Minha Santa Margarida,
Não tô prenha, nem parida
Espero que vós tireis essa carne podre
de dentro de minha barriga.

Com essa reza, as parteiras leigas esperam a saída da placenta. A mulher que teve a criança fica repetindo e soprando de mão fechada. Junto com as rezas as parteiras utilizam outros métodos, como massagens na barriga e panos quentes para ajudar a placenta descer.

Durante todo o nosso trabalho de campo, fomos encontrando histórias sobre a prática de parteiras ou tivemos a presença dessas mulheres no próprio universo pesquisado. O respeito com que elas são tratadas em suas comunidades implica não só o reconhecimento do trabalho que realizam, como também certo grau de identidade cultural, por parte das comunidades nas práticas populares de saúde. Neste sentido, é oportuno chamar a atenção sobre o trabalho dessas mulheres, muito embora elas tenham representatividade restrita e selecionada no âmbito da presente pesquisa, limitando o alcance destas reflexões. Entretanto, tais reflexões estão circunscritas à ideia de que, também, a forma de assistência dada ao nascimento pode ser dependente da cultura de cada sociedade, e o trabalho dessas parteiras constitui, de outro modo, uma das múltiplas faces da maternidade.[18]

Os depoimentos sobre e dessas parteiras revelaram-nos a permanência nessa região de uma série de rituais de nascimento transmitidos oralmente de mãe para filha, de madrinha para afilhada, de

---

18 O Grupo de Mulheres da Ilha realizou, na continuidade, um trabalho de organização e formação das parteiras que, desde aquele momento, efetuaram três encontros estaduais e fortaleceram a organização da categoria. Ocorreram numerosos treinamentos que proporcionaram maiores condições técnicas para evitar infecções e enfrentar situações difíceis, mas que acabaram por afastá-las, em certa medida, dos saberes tradicionais. Atualmente, as parteiras atuam mais na condição de "agentes de saúde", acompanhando as mulheres nas diversas fases do nascimento, encaminhamento ao hospital, do que realizando partos.

comadre para comadre ou simplesmente das mulheres mais velhas para as mulheres mais jovens e cuja prática é, sobretudo, comum nas comunidades do interior da Ilha e com as mulheres de origem rural.

É necessário ressaltar que esses rituais e os conhecimentos que lhes concernem estão nas mãos das mulheres. Além de serem responsáveis pela gestação, são responsáveis pelas formas e técnicas de nascimento. Este seria um elemento a mais na divisão sexual do trabalho, relacionando ainda mais as mulheres com a reprodução e a saúde. Contudo, não podemos esquecer que os médicos se apropriaram historicamente do trabalho obstétrico, desprezando a competência das parteiras leigas – bruxas, alcoólatras etc. – e colocando-as no lugar de assistentes: "Poderíamos ver nisto a inveja masculina inconsciente em relação à maternidade? Um desejo de se apoderar totalmente do ventre das mulheres para melhor dominar a função da reprodução?" (Knibiehler & Fouquet, 1983, p.183).

O aprendizado das parteiras leigas que entrevistamos foi feito na prática, acompanhando os partos ou, então, diante de circunstâncias de emergência, nas quais a cooperação e a coragem funcionam como anestesia contra o medo e a insegurança:

> na maternidade, inclusive, eu peguei dois meninos, comecei a aprender por lá. O primeiro parto que eu fiz foi na maternidade ... eu já tinha tido o neném, saí me arrastando de minha cama e fui fazer um aborto de uma menina que já estava perdendo ... ela abortou com muita dor e me chamou, as outras mulheres todas dormindo e eu sem poder andar para chamar ao menos uma enfermeira ... peguei o nenenzinho todo peladinho ... nunca tinha pegado um neném ... o neném nasceu morto. (Joana, Vila Padre Xavier)

> foi em ocasião que eu ajudava mamãe, que era parteira velha também, isso no interior... nesse tempo eu estava com treze anos ... ela me botava para ajudar ela ... e me dizia: minha filha é a parteira que ensina é Nossa Senhora, não tem ensinamento ... comecei com 30 anos de idade fazer por minha conta e hoje eu faço muita coisa que eu não sabia mesmo. (Mônica, Vila Sarney)

O dom de saber e gostar de fazer partos foi explicado, inicialmente, como uma predestinação divina. Assim, essas parteiras não estabelecem uma relação monetária com suas clientes, aceitando o que estas podem lhes dar, um "agrado", uns trocados e, seguidamente, o bebê como afilhado. A não profissionalização destas parteiras implica também a falta de material próprio para os partos. Portanto, se as parturientes não têm tesouras em casa, as parteiras cortam o cordão umbilical com lâmina de barbear.[19] Entretanto, elas reconhecem ter aprendido alguns hábitos de assepsia que são necessários para evitar infecções, por exemplo esterilizar estes instrumentos antes de utilizá-los.

As técnicas de que se servem no momento do parto variam um pouco de parteira para parteira. Algumas fazem o toque para ver se há dilatação, outras não. As mais antigas utilizam, às vezes, pedra de sal para o corte e as mais jovens nos declararam que não cortam. É evidente, entretanto, que todas elas confiam em certa intuição que a prática e a experiência lhes dotou:

> não, não faço toque, não faço nada porque minha mão já pegou mais de trezentas crianças e nunca fiz toque em nenhuma pessoa. Vai é a coragem da mulher na hora de ter, porque existe três sinais ... que são, no caso, o suor, que a pessoa sua completamente, fica pingando aquele suor, é um sono, e o corpo treme todinho, fica todo tremendo. Então, são essas coisas que são os sinais que a gente sabe que está para ter a criança ... Quando a gente aperta assim [a barriga] a gente vê [a posição da criança], porque quando a criança está normal a gente ... sente, é isso aqui durinho: a gente pega, bota num lençol e sacode [a gestante], uma pessoa agarra de um lado e de outro, fica sacudindo ... até ver que ... a criança ficou normal. (Ideilde, Vila Padre Xavier)

Os partos são feitos nas casas das parturientes e, dependendo das preferências delas e/ou das circunstâncias, em rede, no chão, na cama, de cócoras ou deitadas. Em relação às poções e ervas utilizadas elas são basicamente as mesmas para todas as parteiras, variando de acordo com a disponibilidade dos ingredientes no momento em que devem ser utilizados: "aquilo esquenta e dá uma vitamina doida, ela fica como galinha que quer pôr".

---

19 Com a profissionalização da categoria, isto já não ocorre.

DAR A VIDA E CUIDAR DA VIDA **167**

Quadro 3 – Poções e ervas utilizadas pelas parteiras

Chá de erva-cidreira quente e caldo ou mingau de farinha seca com pimenta-do-reino
Chá de pimenta-do-reino
Chá de folha de pimenta
Vinho amornado com chá de cidreira
Gema de ovo crua
Cachaça com pimenta
Café amargo com pimenta
Azeite de carrapato (mamona) com cachaça
Fricção de alho e pimenta na barriga da mulher

O parto, como ritual de iniciação da maternidade, é um momento íntimo e cheio de emoções, e contar com a cooperação de pessoas que inspiram confiança e afetividade é um fator decisivo[20] para as mulheres que preferem ter filhos em casa, numa atmosfera emocionalmente mais segura e tranquila:

> foi bom, porque em casa a gente sempre tem mais conforto; meu marido está ali perto, a mãe está ali perto e lá não [na maternidade], a gente se acha só e elas não tratam a gente com educação, mas com aquela grosseria: tu estás com manha, isso, aquilo, outro. (Nivanda, Raposa)

Além disso, o cuidado especial que as parteiras dispensam ao recém-nascido e os consequentes laços afetivos, daí decorrentes pelo acompanhamento do crescimento desses bebês, definem outro elemento importante de tranquilidade e confiança para a mãe.

Entretanto, outras mulheres mostraram-se divididas entre a escolha do parto em casa ou na maternidade. Isto porque, embora reconheçam sentir-se mais seguras afetivamente em casa, a maternidade representa para elas teoricamente um lugar onde teriam mais recursos técnicos em caso de parto difícil.

---

20 Este fator hoje é muito considerado na instituição de políticas sociais do parto humanizado. Dossiê Humanização do Parto (2002).

A contradição se dá justamente no fato de que as maternidades atendem diferencialmente as mulheres, de acordo com as classes sociais. Assim, as mulheres das classes mais privilegiadas podem se beneficiar de recursos da moderna tecnologia obstétrica e, ideologicamente, isto pressupõe um valor que atinge as mulheres das classes mais baixas. Contudo, ao se defrontarem com o serviço público de saúde, elas percebem que a realidade é outra e tendem a recuar, buscando, então, a solução doméstica que suas avós e mães sempre usaram.

Embora as parteiras demonstrem ter experiência acumulada de como fazer o parto, observamos que também não se sentem totalmente seguras ao realizá-lo, justamente pela falta de recursos com a qual se confrontam e pelo receio de complicações que possam causar a morte da parturiente ou do recém-nascido:

> Gosto. Eu tenho medo sim, de surgir alguma complicação e eu não saber como é que eu vou me virar. Às vezes eu sei o que podia se fazer, mas não tenho condições para fazer, porque não tenho material, não tenho preparo para isso. Disso é que eu tenho medo. (Joana, Vila Padre Xavier)

Enfim, a responsabilidade que assumem em tão precárias condições de trabalho faz que o saber, a intuição e a prática dessas parteiras estejam envoltas num halo de poder e força. Com isto, elas se configuram simbolicamente como verdadeiras feiticeiras que conseguem, fora do alcance da ciência médica, responder a alguns desafios lançados pelos momentos da gestação, do nascimento e pela própria saúde das mulheres.

Maternidade sem paternidade?

Ao longo deste texto, consideramos que a maternidade e a saúde das mulheres estão circunscritas a um universo empírico restrito, muito embora, teoricamente, estejam fundamentadas em esferas mais abrangentes. Neste sentido, parece-nos importante ressaltar as muitas indagações com as quais finalizamos a referida pesquisa.

A primeira delas diz respeito a esta própria limitação empírica: ela pôde inibir nossas reflexões? De certa maneira, isso parece óbvio. Entretanto, tal universo empírico nos possibilitou apreender o relativo, a diferença e a ambiguidade, alertando-nos contra as tentações de generalizar o que se refere à questão da maternidade e da reprodução. Assim, se, por exemplo, em um momento a maternidade aparece como um prazer indiscutível para as mulheres pesquisadas, e também uma necessidade afetiva, em outro momento revela-se uma experiência difícil de ser vivida. Não estariam aí imbricadas, em uma mesma rede de representações simbólicas, o prazer da maternidade e a opressão que ela pode provocar às mulheres, particularmente em condições socioeconômicas precárias?

Além disso, parece-nos importante indagar mais sobre o desequilíbrio na vivência da maternidade e da paternidade e como contribui para a manutenção das desigualdades sexuais. Caberia, também, relacionar esta situação de desigualdades com os interesses que movem as políticas de reprodução, que afirmam somente o modelo de maternidade social e excluem a possibilidade da realização de um modelo de paternidade social. Uma abordagem igualitária destes dois modelos poderia estar abrindo caminho para mudanças mais profundas nas relações entre os sexos, especialmente no âmbito da família.

Quanto à saúde das mulheres, esse universo aponta uma pequena amostra da realidade social nordestina: o das carências materiais básicas. E, também, das estratégias que as mulheres encontraram em seu dia a dia para resistir a essas carências. O respeito e o conhecimento desta resistência são parte de uma história que ainda pode ser escrita: da obstinada e cotidiana luta das mulheres pela continuidade da vida. "Muitas coisas temos a fazer ... Mas é melhor ter o futuro diante de nós que atrás de nós" (Irigaray, 1981, p.32).

Bebê na rede. Raposa, Maranhão. Foto: Alain Brugier

Mãe e filha na janela. Raposa, Maranhão. Foto: Alain Brugier

9
MATERNIDADE: TRANSFORMAÇÕES NA FAMÍLIA E NAS RELAÇÕES DE GÊNERO

O propósito deste capítulo é fazer uma reflexão sociológica sobre as mudanças mais marcantes nos padrões e nas experiências contemporâneas da maternidade, com base em estudos e pesquisas existentes, situando o debate teórico em torno desse processo (Badinter, 1980; Chodorrow, 1980; Deutsch, 1987; Ferrand, 1982b; Knibiehler & Fouquet, 1977; Kitzinger, 1978; Vilaine et al., 1986). Pressupomos que a escolha da maternidade é um fenômeno moderno, consolidado no decorrer do século XX com o avanço da industrialização e da urbanização.

As transformações pelas quais os padrões de maternidade vêm passando, nos últimos trinta anos, devem ser pensadas em conexão com estes processos sociais e com a globalização econômica, que contribuiu para acelerar a difusão de novos padrões de comportamento e consumo. Entre estes, podemos citar como exemplo as novas tecnologias reprodutivas – contraceptivas e conceptivas –, cujo consumo ofereceu às mulheres, da década de 1960 em diante, a possibilidade de escolher com maior segurança a realização da maternidade.

Cabe lembrar, neste decurso, as mudanças que vêm ocorrendo na vida privada, especialmente na família e nas relações de gênero, com a emergência de novos modelos de sexualidade, parentalidade e amor, tais quais os apontados por Giddens (1993, p.73), como o "amor confluente", que "presume igualdade na doação e no recebimento emocionais", fruto das relações de gênero observadas em pesquisas analisadas por este autor, nas sociedades inglesa e americana, durante as décadas de 1970 e 1980.

Neste artigo, abordamos a maternidade como fenômeno social marcado pelas desigualdades sociais, raciais/étnicas, e pela questão de gênero que lhe é subjacente. Consequentemente, as mudanças e implicações sociais da realização dessa experiência não atingem da mesma forma todas as mulheres, países e culturas, apesar de existir um modelo de maternidade preponderante nas sociedades ocidentais contemporâneas, em que sobressaem características gerais de proles reduzidas e mães que trabalham fora.[1]

Portanto, é necessário considerar neste debate a inserção das mulheres no mercado de trabalho, sua presença no mundo público e os impactos que estes fatos trouxeram à instituição familiar e, em decorrência, à experiência da maternidade. O pano de fundo desta discussão ressalta que a questão da maternidade em todos os seus aspectos sempre esteve presente na luta libertária das mulheres e, portanto, foi objeto constante da reflexão teórica feminista. É com base nestes elementos que construímos nossa reflexão sobre a maternidade.

Ser ou não ser mãe: dilema moderno?

Nas sociedades rurais, a maternidade sempre foi assimilada à fecundidade da terra. As crianças eram necessárias ao trabalho e representavam segurança para o futuro dos pais, na velhice e na doença,

---

1 As diferenças do modelo dominante de maternidade são observáveis nas variações das taxas de fecundidade em diferentes países, que costumam ser mais altas nos países menos desenvolvidos, onde as políticas de controle da natalidade ainda estão em curso ou naqueles países em que, por motivos culturais, sociais e econômicos, não vingaram, como na maioria dos países africanos (George, 1990). Entretanto, segundo Leridon & Toulemon (1996), a taxa mundial de fecundidade em 1991 era de um pouco mais de três filhos(as) por mulher, indicando que a tendência da maternidade futura será de proles reduzidas.

DAR A VIDA E CUIDAR DA VIDA **173**

embora muitas vezes significassem um encargo no presente (Knibiehler & Fouquet, 1977). O "infanticídio tolerado" a que se refere Ariès (1981), no final da Idade Média, retrata uma época na qual a vida da criança e a própria experiência da maternidade tinham outro valor.

Segundo Giddens (1993, p.53), a "invenção da maternidade" faz parte de um conjunto de influências que afetaram as mulheres a partir do final do século XVIII: o surgimento da ideia de amor romântico, a criação do lar, a modificação das relações entre pais e filhos. O autor assinala que, no final do século XIX, houve um "declínio do poder patriarcal", com o "maior controle das mulheres sobre a criação dos filhos", referindo-se a um deslocamento da "autoridade patriarcal para a afeição maternal" (Ryan 1981 apud Giddens, 1993, p. 53). Nesse período, ele destaca a forte associação da maternidade com a feminilidade como elemento novo.

Esse modelo consolidou-se em uma ideologia que passou a exaltar o papel natural da mulher como mãe, atribuindo-lhe todos os deveres e as obrigações na criação dos(as) filhos(as) e limitando a função social feminina à realização da maternidade. Entretanto, conforme alertam Knibiehler & Fouquet (1977, p.210), a realização desse ideal de maternidade era impossível para as mulheres pobres.

> As classes dominantes que reinventam a maternidade como vocação feminina exclusiva estão em contradição absoluta com a realidade concreta: muitas mulheres trabalham no século XIX e devem assumir sua maternidade nas condições mais difíceis. A distância é imensa entre o ideal descrito e sonhado da mãe educadora, consagrada em tempo integral a suas crianças, e a vida cotidiana das mães de origem modesta.[2]

A transição de um modelo tradicional de maternidade (a mulher definida essencial e exclusivamente como mãe: proles numerosas) para um modelo moderno de maternidade (a mulher definida tam-

---

2 A realização da maternidade não era especialmente aconselhada às mulheres trabalhadoras: as vendedoras nas lojas de departamentos em Paris, na segunda metade do século XIX, temerosas de perder o emprego, costumavam amarrar a barriga para esconder a gravidez, o que resultava, frequentemente, na perda da criança (Zola, 1998).

bém como mãe, entre outras possibilidades: proles reduzidas e planejadas) deu-se com a consolidação da sociedade industrial.

As contradições inerentes ao processo de industrialização e a forma como as mulheres ingressaram no mercado de trabalho, marcadas por profundas desigualdades sociais e sexuais, revelam os impactos desse processo na mudança dos padrões da maternidade. No momento em que as mulheres das famílias operárias, no século XIX, começaram a associar de forma crescente trabalho fora do lar e maternidade – leia-se, também, como trabalho no lar –, instaurou-se a lógica da dupla responsabilidade, que se consolidou, no século XX, com o avanço da industrialização e da urbanização, recebendo por parte das análises feministas contemporâneas a designação de "dupla jornada de trabalho".[3]

Com mais acesso à educação formal e à formação profissional, as mulheres vão, no decorrer do século XX, ocupar gradativamente o espaço público, ao mesmo tempo em que mantêm a responsabilidade na criação dos(as) filhos(as). Neste contexto, ser ou não ser mãe passou a uma dimensão reflexiva,[4] a ser uma decisão racional, influenciada por fatores relacionados às condições subjetivas, econômicas e sociais das mulheres e, também, do casal.

O advento da modernidade e de suas conquistas tecnológicas, sobretudo no campo da contracepção, e mais recentemente da concepção, trouxe às mulheres maior possibilidade na escolha da maternidade e abriu espaço para a criação do dilema de ser ou não ser mãe. Um dos elementos que viabilizaram a escolha da maternidade foi, sem dúvida, a contracepção moderna.

---

3 Veja-se entre as análises brasileiras sobre mulheres e trabalho Bruschini (1994), Abramo & Paiva Abreu (1998). Sobre emprego e estratégias familiares na França e Brasil, ver *Cahiers du Gedisst* (1992a). O feminismo de inspiração marxista utilizou muito o conceito de "dupla jornada" para designar o trabalho da mulher operária na fábrica e em casa. Este último também foi chamado de "trabalho invisível". Ver Larguia (1970).

4 No sentido utilizado por Giddens (1991, p.45): "A reflexividade da vida social moderna consiste no fato de que as práticas sociais são constantemente examinadas e revisadas à luz de novas informações sobre estas próprias práticas, alterando constitutivamente seu caráter".

Entretanto, o controle da fecundidade (com o uso de contraceptivos e/ou abortivos) não é novo na História. Ao longo dos tempos, as sociedades utilizaram diversas formas isoladas de evitar os nascimentos, conforme já nos referimos no capítulo sobre o aborto. Para Shorter (1992), esta situação começa a mudar no final do século XIX, quando acontece a "primeira grande explosão do aborto", como meio de limitar os nascimentos.

Esses fatos sugerem que a realização da maternidade não foi sempre aceita de maneira irreversível, ocorrendo na História, em épocas distintas e por motivos diversos, uma recusa circunstancial da maternidade diante dos padrões de natalidade dominantes, sobretudo entre as mulheres solteiras e/ou entre as que já tinham tido muitos(as) filhos(as). Vale dizer que a condenação social dessa recusa sempre foi muito forte e ainda persiste em sociedades nas quais o aborto é proibido.

Nas sociedades industrializadas modernas, a recusa circunstancial da maternidade deu lugar à escolha da maternidade, graças ao advento do planejamento seguro dos(as) filhos(as) e a possibilidade de as mulheres escolherem o momento dos nascimentos, retardando a idade de ter o(a) primeiro(a) filho(a) (Langevin, 1984).

A escolha da maternidade está ligada a numerosas causas que, isolada ou conjuntamente, se explicam no ponto de interseção do biológico, do subjetivo e do social: o desejo atávico pela reprodução da espécie ou pela continuidade da própria existência; a busca de um sentido para a vida; a necessidade de valorização e de reconhecimento social – como no caso de algumas mães adolescentes, ansiosas por ocupar um espaço de maior respeitabilidade na sociedade –; o amor pelas crianças; a reprodução tradicional do modelo da família de origem, entre outros.

Em relação aos fatores especificamente sociais estão as condições econômicas e culturais das famílias; os projetos e as possibilidades profissionais das mulheres. As facilidades ou as dificuldades variam de uma classe para outra e de país para país: a situação e a qualidade dos serviços públicos e/ou particulares disponíveis; o apoio ou proximidade da família extensiva; as redes de solidariedade femininas. Entretan-

176 LUCILA SCAVONE

to, as condições materiais não determinam, via de regra, a escolha da maternidade, embora definam suas características e possibilidades.

Foi com o advento da contracepção medicalizada moderna, especialmente da pílula contraceptiva, que as mulheres tiveram acesso a uma das principais chaves para a livre escolha da maternidade, com a possibilidade de controle eficaz e socialmente aceito da fecundidade. Embora o direito à contracepção livre e gratuita tenha sido uma das reivindicações mais importantes do movimento feminista contemporâneo, sobretudo do europeu, nem sempre foi produto de uma conquista das mulheres, especialmente nos países do sul.

As formas diferenciadas da difusão dos métodos contraceptivos em diversos países – seja como conquista de uma luta feminista (o caso da França) seja como objetivo das políticas demográficas (o caso do Brasil) – indicam a existência de muitas contradições nesse processo.[5] Entre estas, destacam-se os limites da livre escolha, marcados pelas contradições de classe, raça/etnia; pelos impactos da utilização de métodos contraceptivos pesados como a esterilização feminina no Brasil; pelos danos que os métodos contraceptivos, sem acompa-

---

5 O declínio progressivo da fecundidade, mediante utilização de métodos contraceptivos modernos, alterando o perfil demográfico da população brasileira coincide com as transformações resultantes dos processos de industrialização e urbanização no país, que possibilitaram a introdução e aceitação de novos padrões de reprodução e consumo próprios dos países do norte. Este fato está igualmente associado aos países credores, cujo objetivo é reduzir o crescimento demográfico dos países devedores, no quadro dos planos de ajuste estrutural definidos pelo Fundo Monetário Internacional, quando da concessão de empréstimos ao Brasil (Scavone et al., 1994). A BEMFAM, Sociedade do Bem-Estar Familiar, entidade sem fins lucrativos financiada pela IPPF (Federação de Planejamento Familiar Internacional) que subvenciona programas de planejamento familiar nos países do sul, é um bom exemplo desta política. A BEMFAM foi uma das entidades que mais contribuíram para a divulgação e distribuição dos contraceptivos orais no Brasil, atuando inicialmente no Nordeste e, posteriormente, no Sudeste. Desde sua instalação, em 1965, ela realizou convênios com prefeituras, empresas, órgãos estaduais e federais, evidenciando a política de *laissez-faire* adotada pelo governo brasileiro em relação ao controle da natalidade (World Bank, 1990). Nos anos mais recentes, a BEMFAM vem realizando *surveys* nacionais sobre a situação da saúde reprodutiva das mulheres brasileiras (BEMFAM/ IRD, 1987; BEMFAM et al., 1997).

nhamento médico, podem causar à saúde das mulheres; pelas desigualdades sociais relacionadas com o uso dos métodos contraceptivos (Scavone et al., 1994). Cabe ressaltar que a esterilização se tornou a *solução* das mulheres brasileiras (e latino-americanas) como alternativa da não maternidade, conforme já mencionado neste livro.[6]

A legalização do aborto, em diversos países do hemisfério norte, também foi um elemento a mais neste processo, oferecendo condições seguras e menos culpabilizantes às mulheres para interromper uma gravidez indesejada. Em países como o Brasil, o recurso ao aborto é mais complexo – uma vez que no país ele não é legalizado –, o que não impede que venha sendo amplamente utilizado, conforme já vimos nos artigos relacionados à questão. A prática do aborto é uma possibilidade de escolha para a não realização da maternidade, reforçando seu caráter social e sua não determinação biológica.

Os aspectos ambíguos da escolha da maternidade, relacionados com as condições socioeconômicas e subjetivas de quem escolhe – escolha nem sempre fácil, possível ou reflexiva – são visíveis na análise das diferentes experiências contemporâneas da maternidade que discutiremos mais adiante. A maternidade como escolha é um fenômeno moderno e contemporâneo que foi se consolidando no decorrer do século XX, e a crítica feminista tem um lugar importante nessa reflexão, pois fornece os principais elementos para a compreensão desse processo.

Maternidade, feminismo e gênero

A teoria feminista contribuiu para verbalizar a tomada de consciência das mulheres a respeito das implicações sociais e políticas da maternidade. O feminismo libertário, que politizou as relações da

---

6 De fato, a esterilização feminina é um dos "métodos contraceptivos" mais utilizados nos países da América Latina (Molina, 1999), confirmando a constatação de estudos que apontam ser esta técnica menos utilizada no "mundo desenvolvido" do que no "mundo menos desenvolvido" (Berquó, 1999), onde a queda da fecundidade é considerada, pelos organismos internacionais, uma meta importante para o desenvolvimento (Mauldin & Ross, 1991).

178 LUCILA SCAVONE

vida privada, valendo-se da reflexão sobre questões ligadas à esfera da vida íntima, destacou, nos anos 70 – continuando pelos anos 80 –, a discussão do significado da maternidade.[7]

Os estudos feministas da época privilegiaram a maternidade para explicar a situação de desigualdade das mulheres em relação aos homens. Nas correntes teóricas radicais, considerava-se a maternidade o eixo central da "opressão das mulheres", já que a sua realização determinava o lugar das mulheres na família e na sociedade. Portanto, a recusa consciente da maternidade foi o caminho proposto por esse feminismo para alcançar a liberdade. Esta recusa consistia em uma tentativa de negar o fatalismo biológico feminino da maternidade, romper com o determinismo dado pela natureza, visto que era um argumento forte para justificar as desigualdades entre os sexos. Na França, destaca-se Simone de Beauvoir (1977; "Simone de Beauvoir et la lute des femmes", 1975), a mais expressiva expoente intelectual desta corrente. Nos Estados Unidos, outra corrente mais radical condicionava a libertação da mulher com a chegada da reprodução artificial, supondo que, então, a maternidade não se passaria mais no corpo das mulheres (Firestone, 1976).

Em um segundo momento, outra corrente, inspirada na psicanálise, recupera a maternidade como um poder insubstituível das mulheres – fazendo parte da história e identidade femininas – e invejado pelos homens (Irigaray, 1981). O problema não era mais a negação da maternidade, mas a divisão equitativa das responsabilidades entre mães e pais. Segundo análise de Dandurand (1994, p.9):

> As posições das mulheres sobre a maternidade se situam num contínuo entre dois polos: em um, a condição materna é vista como exasperante, exigente ou mesmo destruidora; em outro, ela é apresentada como única, rica e insubstituível.

---

7 O *slogan* feminista "o privado também é político" sintetiza esta politização das questões privadas, então objetos de estudo nos grupos de reflexão dos anos 70 e 80 (Revue Partisans, 1970). A maternidade foi um dos temas favoritos dessas discussões, conforme demonstram muitas publicações específicas da época (Les Cahiers du Grif, 1977; Vilaine et al., 1986, entre outras).

De fato, passou-se das posições que ressaltavam as implicações sociais negativas da maternidade para as que valorizavam seus aspectos psicoafetivos, ou seja, de forte negação para uma vibrante afirmação, espelhando provavelmente as ambiguidades concretas desta experiência. Em seu conjunto, essas reflexões constituem uma crítica feminista ao discurso dominante da "invenção da maternidade". Os elementos desse contradiscurso contribuíram para a maior tomada de consciência das mulheres na construção de uma escolha reflexiva da maternidade. Por outro lado, contribuíram para o questionamento mais profundo das relações de gênero na família, (re)discutindo o lugar do pai. Esta crítica foi se renovando, acompanhando as mudanças sociais e, nos anos 90, os estudos feministas sobre a maternidade tomam nova direção.

Primeiramente, eles tornaram-se mais escassos, principalmente quanto à reflexão mais abrangente do significado da maternidade. As pesquisas deste período centraram-se nas questões mais específicas dos direitos e usos das tecnologias reprodutivas, bem como de suas consequências à saúde das mulheres: contracepção, esterilização, aborto, cesariana, nos países do sul, e novas tecnologias de concepção, nos países do norte (Dossiê Mulher e Direitos Reprodutivos, 1993; Akrich & Laborie, 1999). Uma das questões surgidas nestas reflexões refere-se atualmente à ingerência crescente da medicina na procriação: "a reprodução não estaria escapando progressivamente das mulheres?" (Dandurand, 1994, p.9). Esta inquietação remeteu, implicitamente, a uma postura positiva diante da maternidade: uma experiência feminina importante, cujo controle não deveria escapar das mulheres. Por outro lado, direcionou o problema da maternidade ao âmbito de uma discussão mais ampla sobre os impactos das novas tecnologias nas sociedades modernas, reavivando o debate sobre a relação natureza e cultura, com base no feminismo de inspiração ecológica.[8]

---

8 A corrente alemã desse feminismo sugere às mulheres melhor divisão das atividades profissionais e maternais, dando maior atenção aos filhos e consumindo menos. Ver os textos de Mies (1991). Esta proposta vem ao encontro da proposta de gestão e autonomia da vida privada discutida por Gorz (1991).

Em segundo lugar, outro grupo de estudos analisou a questão da maternidade do ponto de vista das relações sociais de sexo, ou de gênero,[9] construindo o conceito de "parentalidade": "... trata-se de estudar o posicionamento dos atores sociais dos dois sexos no processo de constituição do laço parental e não mais de partir de uma especificação *a priori* deste laço segundo o sexo" (Combes & Devreux, 1991, p.5). Este tipo de análise tem como ponto de partida a relação entre os indivíduos adultos (homens e mulheres) com *suas* crianças, desconsiderando *a priori* as noções de maternidade e paternidade. Tais estudos constataram ocorrências de um tipo de parentalidade no qual as mulheres continuam tendo uma relação mais comprometida com os filhos(as) do que os homens (ibidem; Cournoyer, 1994), sendo ainda elas que assumem a maioria das responsabilidades parentais. Por outro lado, na pesquisa de Combes & Devreux (1991), foi observado que alguns homens assumiam também estas responsabilidades, indicando tendências de transformações nas relações parentais e nas relações de gênero. O estado atual dessas pesquisas reflete tanto as mudanças que estão ocorrendo no interior da família e sociedade, como as ambiguidades de fundo que caracterizam a experiência da maternidade.

Mudanças nos padrões da maternidade

Analisando a experiência da maternidade entre as mulheres francesas, Ferrand (1994, p. 83) assinala uma relação entre a idade

---

9 O conceito de relações sociais de sexo é utilizado pela Sociologia francesa e responde pela construção social das diferenças entre os sexos, pressupondo uma hierarquia social e uma relação de dominação e poder entre eles. O conceito de gênero, mais utilizado nos estudos de língua inglesa, também corrobora essa ideia, buscando ultrapassar as definições da "categoria homem/mulher como uma oposição binária que se autorreproduz ... sempre da mesma maneira", o que implica refutar sua construção hierárquica como natural (Scott, 1990, p.10; Kergoat, 1996, p.24).

DAR A VIDA E CUIDAR DA VIDA **181**

em que têm o primeiro filho e o meio social delas, constatando que isso ocorre, majoritariamente, na faixa dos 25 a 35 anos:

> o primeiro nascimento é mais adiado quanto mais elevado é o nível de formação da mãe ... A decisão de ter o primeiro filho, às vezes é um problema de calendário; a de ter um segundo depende de outro registro. Cerca de uma mãe em seis não deseja o segundo filho, entretanto ter dois filhos parece ser um ideal para a grande maioria dos casais.

Por outro lado, o terceiro filho, incentivado pelo Estado francês, visando à alta da natalidade, provoca geralmente "a interrupção da atividade profissional da mãe e remete a uma imagem de conotação negativa nas representações dominantes atuais: a da mulher que não trabalha fora" (ibidem). Mas, a autora explica que a queda de fecundidade na França nos últimos trinta anos "não deve ser interpretada como uma recusa de filhos(as) ... a proporção de casais sem filhos nunca foi tão fraca" (ibidem).

Esta situação, num país altamente industrializado, onde vigora uma política de incentivo à natalidade explícita, oferece elementos para afirmar que o padrão de maternidade reduzida na sociedade francesa traduz a escolha reflexiva das mulheres, exercendo indiretamente seus efeitos no modelo tradicional de paternidade – pai ausente – que vai sendo substituído por um modelo contemporâneo com maior participação do pai – pai presente. Destaca-se também, naquele país, o fato de que a escolha reflexiva do(a) primeiro(a) filho(a) apareceu influenciada pelo grau de formação da mãe e pelo seu envolvimento na carreira profissional.

Estudos demográficos já demonstraram que a tendência em outros países da Europa ocidental é cada vez mais a expansão do padrão reduzido de maternidade, abaixo de dois(duas) filhos(as) por mulher (Berquó, 1999; Leridon & Toulemon, 1996).

Além disso, os próprios efeitos do processo de globalização, a busca do equilíbrio político-demográfico mundial e a rapidez com que as informações circulam, tendem a incentivar esse modelo nos

182 LUCILA SCAVONE

países do sul, ao mesmo tempo em que as políticas natalistas tentam revertê-lo nos países do norte.[10]

No caso do Brasil, um dos grandes impactos dos últimos anos na família e no padrão vigente de maternidade foi a queda abrupta da natalidade – o número de filhos(as) por mulher passou de 4,5 em 1980 para 2,5 em 1996 – por meio de uma intensa política de controle demográfico, com a generalização abusiva da esterilização feminina (Nações Unidas, 1994 apud Leridon & Toulemon, 1996; PNDS/BEMFAM, 1997). De fato, as análises das transformações da família brasileira, nos últimos anos, apontam para novos arranjos familiares, tais como famílias menores e aumento significativo de mulheres chefes de família (Oliveira, 1996; Goldani, 1994). Por outro lado, as mulheres brasileiras participam cada vez mais do mercado de trabalho (Bruschini, 1994), confrontando e/ou conciliando a vida profissional com a vida familiar.

Se as mulheres brasileiras, em sua grande maioria, ainda têm seus(suas) filhos(as) quando são jovens, também interrompem definitivamente a opção da maternidade nessa faixa etária e até com poucos(as) filhos(as). A esterilização feminina aumenta com a idade, mas as mulheres jovens também usam este recurso: 11% das mulheres, em união, até os 25 anos, são esterilizadas; dos 25 aos 29 anos, a taxa aumenta para 27%, chegando a mais de 50% dos 35 aos 49 anos (PNDS/BEMFAM, 1997, p.55). Nesta mesma pesquisa, das mulheres unidas com um(a) filho(a), 6% são esterilizadas e entre as mulheres unidas com dois(duas) filhos(as), esta taxa aumenta para 42% (PNDS, 1997, p.56).

No estado de São Paulo, 58,4% das mulheres têm filhos(as) entre 20 e 29 anos; 6,5% entre 35 e 39 anos. Embora pouco representativo, o percentual desta última faixa já demonstra um avanço na idade da realização da maternidade: em geral são profissionais que esperam

---

10 "A globalização não deve ser vista simplesmente como um fenômeno que 'está ali', mas também como o que está aqui; ela afeta não somente espaços locais, mas afeta até as intimidades da existência pessoal, já que atua de modo a transformar a vida cotidiana" (Giddens, 1994, p.11).

DAR A VIDA E CUIDAR DA VIDA **183**

primeiro alcançar estabilidade e independência financeira, para depois realizar a maternidade.[11] Esta é uma mudança que atinge menos as mulheres das camadas populares: em pesquisa que realizamos entre essas mulheres, no interior de São Paulo, as que já tinham tido filhos(as) e não pretendiam mais tê-los(as), 22% justificavam a não pretensão por considerarem que já tinham passado da idade, isto é, estavam na faixa etária de 36 a 45 anos. Foi verificada, nessa pesquisa, uma relação positiva entre as mulheres que já tinham filhos(as) com a pretensão de não mais tê-los(as) e das que não tinham filhos(as) com a pretensão de tê-los(as). Destas últimas, 80% pretendiam ainda ter filhos(as), e as 20% restantes expressaram um talvez, denotando que a realização futura da maternidade estava presente nesse universo.

Todos os indicativos apontados sugerem que a experiência da maternidade na sociedade brasileira está em processo de mudança, seguindo o padrão do tamanho de família vigente nas sociedades industriais avançadas – proles reduzidas e maior reflexividade na escolha –, ressalvando-se, porém, sua peculiaridade diante das profundas desigualdades sociais que vigoram no país. Neste contexto, tanto a possibilidade de realizar uma escolha mais reflexiva da maternidade como a valorização da criança variam em intensidade, de acordo com as condições socioeconômicas culturais de cada mulher, sugerindo as múltiplas influências nesse processo de mudança.

Impasses e perspectivas

Entre o modelo reduzido de maternidade com uma variedade crescente de tipos de mães (mães donas de casa, mães chefes de família, mães "produção independente", "casais igualitários")

---

11 Artigo publicado na *Folha de S.Paulo* (14.5.1995), no Dia das Mães, com base em dados da Fundação SEADE/1993, com o título ambíguo de "Vírus da maternidade". Nele são relatados depoimentos de mulheres que fizeram a opção pela maternidade depois de terem conseguido maior estabilidade profissional e financeira.

e as diversas soluções encontradas para os cuidados das crianças (escolas com tempo integral, creches públicas, babás, escolinhas especializadas, vizinhas que dão uma olhadinha, crianças entregues a seus próprios cuidados, avós solícitos), a maternidade vai se transformando, seguindo tanto as pressões demográficas – natalistas ou controlistas – como as diferentes pressões feministas e os desejos de cada mulher.

Se o modelo da maternidade reduzida pôde diminuir a ambiguidade entre vida profissional e vida familiar, para as mulheres ele não a esgotou. A realização da maternidade ainda é um dilema para as mulheres que querem seguir uma carreira profissional, já que assumem a maioria das responsabilidades parentais. Não seria este um dos fatores relevantes para as mulheres brasileiras recorrerem a recursos radicais como a esterilização e o aborto, decidindo pela não maternidade?

Ressalte-se, porém, que um dos aspectos mais evidentes na transformação da maternidade foi o rompimento com seu determinismo biológico. Este rompimento levou a separação definitiva da sexualidade com a reprodução, primeiro pela contracepção medicalizada, em seguida pelas tecnologias conceptivas, desconstruindo a equação mulher = mãe, e construindo outra mais complexa, na qual entram em cena com maior vigor a classe médica e as tecnologias.

A "maternidade artificial" ou a "parentalidade artificial" já são as fórmulas do presente – que se ampliarão no futuro – para os indivíduos estéreis que buscam a reprodução *in vitro*, com suas imbricadas implicações éticas, médicas, políticas, além de suas controvertidas consequências para a saúde das mulheres (Laborie, 1996). A busca pelas tecnologias conceptivas já evidencia a nova conotação da escolha da maternidade, da paternidade, ou da parentalidade: a esterilidade (por vezes, causada pela esterilização precoce) pode ser resolvida pela medicina e isto requer um longo processo, acarretando escolha reflexiva.

Entretanto, a maternidade continua sendo afirmada como um elemento muito forte da cultura e identidade femininas pela sua ligação com o corpo e com a natureza. Essa afirmação nos países do norte constitui-se no que já foi conceituado como "nova maternidade", ou seja, a realização da equidade na responsabilidade parental (Süssmutch, 1988). Por outro lado, nesses países, a maternidade tomou uma "dimensão coletiva" inegável, escapando ao individualismo familiar, a que se referem Knibiehler & Fouquet (1977), passando a ser mais que um vínculo biológico exclusivo, com o incremento de instituições especializadas; apesar de muitas de suas implicações sociais e afetivas permanecerem no conflito de gênero e entre os gêneros no interior da família. Nos países do sul, essas mudanças afetam, sobretudo, as mulheres das classes mais privilegiadas.

Em síntese, é possível observar em relação à família e à experiência da maternidade que estamos vivendo um período de transição para a consolidação de um novo modelo de maternidade, cujo ideal é a busca pela igualdade na responsabilidade parental, que ainda está longe de ser alcançada em todos os seus aspectos, visto que pressupõe uma relação igualitária entre os sexos. Para alcançar esta igualdade, muitos elementos estão em jogo e, entre eles, a emergência de uma nova sensibilidade social que derrube o ideário do determinismo biológico.

A escolha reflexiva para aceitação ou não da maternidade – da paternidade, ou da parentalidade – compõe em um elemento deste período de transição, possibilitando às mulheres e aos homens que a decisão pela reprodução seja feita com base na experiência adquirida, sem medo, culpa, ou qualquer sentimento de não realização individual e/ou social. Evidentemente, esta escolha será tanto mais reflexiva quanto maior a possibilidade de acesso à informação, à cultura e ao conhecimento especializado.

Este novo modelo, que ora já se esboça, tem diversas nuanças e define-se com mais ou menos força de acordo com a classe social e o país a que se refere. É o modelo: de proles reduzidas; de mulheres com carreiras profissionais; de mães e pais, juntos e/ou separados, produzindo e reproduzindo; de casais hetero e homossexuais; de mães ou pais criando seus filhos sozinhos; da institucionalização dos cuidados maternos por profissionais especializados; enfim, é o modelo que busca se adequar às mudanças da vida contemporânea, ao mesmo tempo que é forjado por estas mudanças, redesenhando o funcionamento e a estrutura da família contemporânea.

Finalmente, cabe lembrar que alguns avanços nessa transição trazem novos problemas. Se a possibilidade de acesso às novas tecnologias conceptivas é um recurso tecnológico que reforça a possibilidade de escolha (como costuma ser apregoado pelos seus defensores), ao mesmo tempo cria novos impasses na realização da maternidade e nas relações familiares, cujas consequências sociais ainda são pouco debatidas. No entanto, provavelmente estarão no foco das atenções dos estudos sobre família em futuro bem próximo.

REFERÊNCIAS BIBLIOGRÁFICAS

ABRAMO, L., PAIVA ABREU, A. *Gênero e trabalho na sociologia latino-americana.* São Paulo: ALAST, 1998.

ACHILLES, R. Anonymity and secrecy in donor insemination: in whose best Interests? Sortir la Maternité du Laboratoire. *Actes du Forum International sur les nouvelles technologies de la reproduction.* Québec, 1988. p.156.

AIME, S., JULIAN, C. Evaluation épidémiologique: le cas particulier du diagnostic prénatal. *Rev. Epidém. Et Santé Publ.*, n.39, p.565, 1991.

AKRICH, M., LABORIE, F. *De la contraception à l'enfantement.* Paris: L'Harmattan, 1999.

ALVAREZ, S. Para uma "coreografia" democrática: cultura, política e cidadania. In: ARAÚJO, A. (Org.) *Trabalho, cultura e cidadania.* São Paulo: Scritta, 1997. p.243-8.

ARIÈS. P. *História social da criança e da família.* Rio de Janeiro: Zahar, 1981.

ARIÈS, P., DUBY, G. *Histoire de la vie privée.* Paris: Seuil, 1987.

ARILHA, M. Desejo da maternidade, tecnologias conceptivas e o Estado: rápidas considerações. In: ARILHA, M., SCAVONE, L. (Org.) *Tecnologias reprodutivas*: gênero e ciência. São Paulo: Ed. UNESP, 1996. p.199-204.

188 LUCILA SCAVONE

ARRUDA, A. Fazendo saúde: consciência e política. In: OLIVEIRA, E. M. (Org.) *Mulheres*: da domesticidade à cidadania. XI Reunião ANPOCS, CNDM, 1987.

ÁVILA, M. B. Modernidade e cidadania reprodutiva. *Revista Estudos Feministas*, Rio de Janeiro, CIEC/ECO/UFRJ, v.1, n.2, p.382-93, 1993.

_____. Feminismo Y Ciudadanía: la producción de nuevos derechos. In: SCAVONE, L. (Org.) *Genero y Salud Reproductiva en América Latina*. Costa Rica: Ed. LUR (EULAC/GTV), 1999.

BADINTER, E. *L'amour en plus*. Paris: Flammarion, 1980.

BARBOSA, R., ARILHA, M. A experiência brasileira com o Cytotec. *Revista Estudos Feministas*, Rio de Janeiro, CIEC/ECO/UFRJ, 1993.

BARRET, M. As palavras e as coisas: materialismo e método na análise feminista contemporânea. *Revista Estudos Feministas*, v.7, n.1, p.109-25, 1999.

BARSTED, L. O movimento feminista e a descriminalização do aborto. *Revista Estudos Feministas*, Rio de Janeiro, IFCS/UFRJ, v.5, n.2, p.397-402, 1997.

_____. O projeto de reforma do Código Penal e o aborto: o fato e o disse me disse. *Jornal da Redesaúde*, n.16, p.16-7, set. 1998.

BATEMAN NOVAES, S. A sociologia e o individual. In: SCAVONE, L., BATISTA, L. E. (Orgs.) *Pesquisas de gênero*: entre o público e o privado. Araraquara: LE/Cultura Acadêmica, 2000. p.15-26.

BATTAGLIOLA, F. Des femmes aux marges de l'activité, au coeur de la fléxibilité. *Revue Travail, Genre et Sociétés*. Paris, L'Harmattan, n.1, p.157-77, 1999.

BEAUVOIR, S. *Le deuxième sexe*. Paris: Gallimard, 1977 (primeira ed.: 1949).

BEMFAM/IRD. *Pesquisa nacional sobre saúde materno-infantil e planejamento familiar*. Rio de Janeiro, 1987.

BEMFAM et al. *Pesquisa Nacional Demografia e Saúde*. Rio de Janeiro, 1997. p.48-69.

BENSTON, M. Pour une économie politique de la libération des femmes. *Partisans Revue/Liberation des Femmes/Année Zero*, n.54-55. p.23-31, 1970.

BERLINGUER, G. *Ética da saúde*. São Paulo: Hucitec, 1996.

BERQUÓ, E. A esterilização feminina do Brasil hoje. Quando a paciente é mulher. Brasília: CNDM, 1989. p.79-84.

BERQUÓ, E. A família no século XXI: um enfoque demográfico. *REEP*, v.6, n.2, p.10-5, 1989b.

_____. Brasil, um caso exemplar – anticoncepção e partos cirúrgicos – à espera de uma ação exemplar. *Revista Estudos Feministas*, Rio de Janeiro, CIEC/ECO/UFRJ, 1993.

_____. Ainda a questão da esterilização feminina no Brasil. In: BERQUÓ, E., GIFFIN, K. (Org.) *Questões da saúde reprodutiva*. Rio de Janeiro: Ed. FioCruz, 1999. p.113-26.

BERQUÓ, E., ARAÚJO, M. J., SORRENTINO, S. *A transição da fecundidade e o custo em saúde por parte das mulheres*: o caso do Brasil. São Paulo: CEBRAP, 1994.(Mimeo.).

BIEHLER, S. M., LAGO, C. Quando a lei mata. *Revista Atenção*, v.2, n.3, p.5-15, 1996.

BLAY, E. *Mulheres*: escola e profissão – um estudo do ginásio industrial em São Paulo, 1968. Dissertação (Mestrado em Sociologia) – Universidade de São Paulo.

_____. *A mulher na indústria paulista*. São Paulo, 1972. Tese (Doutorado em Sociologia), Universidade de São Paulo.

BOBBIO, N. *A era dos direitos*. Rio de Janeiro: Campus, 1992. 216 p.

BOLTANSKI, L. *As classes sociais e o corpo*. Rio de Janeiro: Graal, 1979.

BOURDIEU, P. Une science qui dérange. *Questions de sociologie*. Paris: Les Editions de Minuit, 1980. p.19-36.

_____. La domination masculine. *Actes de la recherche en Science Sociale*, Paris, n.84, 1990. p.2-31.

_____. *Réponses*. Paris: Seuil, 1992.

_____. *La misère du monde*. Paris: Seuil, 1993. 948p.

_____. *La domination masculine*. Paris: Seuil, 1998. 142p.

_____. Pierre Bourdieu répond. *Revue Travail, Genre et Sociétés*, Paris, L'Harmattan, n.1, p.230-4, 1999.

BRETIN, H. *Contraception*: quel choix, pour quelle vie? Récits de femmes, parole de médecins. Paris: INSERM, 1992. 229p.

BRUSCHINI, C. O trabalho da mulher brasileira nas décadas recentes. *Estudos Feministas*, número especial, p.179-99, 1994.

190 LUCILA SCAVONE

BRUSCHINI, C., SARTI, C. Apresentação. *Cadernos de Pesquisa,* n. especial sobre mulher, Fundação Carlos Chagas, n.54, p.3-4, 1985.

BUARQUE DE HOLLANDA, H. Feminismo em tempos pós-modernos. In:_____. (Org.) *Tendências e impasses.* O feminismo como crítica da cultura. Rio de Janeiro: Rocco, 1994. p.7-19.

BULLETIN Médical de l'IPPF. *Numéro sur les contraceptifs injectables,* v.26, n.6, p.1, déc. 1996.

CADERNOS CECF. *Clínicas de esterilização*: a quem servem? São Paulo: 1986.

CAHIERS DE L'APRE/Atelier *Production Reproduction/Les Rapports Sociaux de Sexe/Problematiques, Methodologies,* Champs d'analyses. Paris: CNRS/IRESCO, v.3, n.7, 1988.

CAHIERS DU GEDISST. *Rapports sociaux de sexe/une journée de discussion.* Paris: IRESCO/CNRS, 1992.

CAHIERS DU GEDISST. *Strategies Familiales et Emploi/Perspective Franco-Brésilienne,* n.86, 1992a.

CASTRO, M. G. O conceito de gênero e as análises sobre mulher e trabalho: notas sobre impasses teóricos. *Caderno CRH,* Salvador, 17, p.80-106, 1992.

CDD (Católicas Pelo Direito de Decidir). Carta Aberta por Ocasião da Visita do Papa ao Brasil. *Revista Estudos Feministas,* Rio de Janeiro, IFCS/UFRJ, p.418-22, 1997.

CHAPERON, S. *Les années Beauvoir 1945-1970.* Paris: Fayard, 2000.

CHAUDRON, M. Sur les trajectories sociales das femmes et des hommes: stratégies familiales de reproduction et trajectoires individuelles. In: COLLECTIF. *Le sexe du travail*: structures sociales et systéme productif. Grenoble: PUG, 1984.

CHODOROW, N. *Psicanálise da maternidade.* Rio de Janeiro: Rosa dos Tempos, 1980.

CIPD, Conferência Internacional sobre a população. Cairo: Nações Unidas, 1994.

COLLECTIF DE BOSTON. *Notre corps, nous mêmes.* Paris: Albin Michel, 1977.

COLLIN, F. Du moderne au post-moderne. *Cahiers du GEDISST,* Paris, IRESCO/CNRS, p.7-26, 1995.

COLLIN, F. Différence des sexes (théories de la). In: COLLIN, F., HIRATA et al. *Dictionnaire critique du féminisme*. Paris: PUF, 2000. p.26-35.

COMBES, D., DAUNE-RICHARD, A. M., DREVEUX, A. M. Mais à quoi sert une épistémologie des rapports sociaux? In: COMBES, D., HURTIG, M. C. et al. (Org.) *Sexe et genre/De la hiérarchie entre les sexes*. Paris: Editions CNRS, 1991a. p.59-68.

COMBES, D., DEVREUX, A. M. *Construire sa parenté*. Paris: CSU, 1991.

COMMAILLE, J. La régulation politique de la famille. In: COMMAILLE, J., DE SINGLY, F. (Org.) *La famille*: l'état des savoirs. Paris: La Découverte, 1991. p.65-277.

CORRAL, T. Controle da população no Brasil: o fracasso de um "sucesso". In: CORRAL, T., SCAVONE, L. (Org.) *Tecnologias reprodutivas*: gênero e ciência. São Paulo: Ed. UNESP, 1996. p.99-112.

CORRÊA, S., PETECHESKY, R. Direitos sexuais e reprodutivos: uma perspectiva feminista. *Physis, Revista de Saúde Coletiva*, Rio de Janeiro, UERJ/IMS, v.6, n.1/2, p.147-79, 1996.

CORRÊA, M. Bourdieu e o sexo da dominação. *Revista Novos Estudos CEBRAP*, n.54, p.43-53, jul. 1999.

CORREA, S. O Norplant® nos anos 90. Peças que faltam. *Revista Estudos Feministas*, Rio de Janeiro, CIEC/ECO/UFRJ, n.especial, p.86-98, 1994.

CORTÊS, G. R. *O discurso médico sobre o aborto provocado*. Dissertação (Mestrado) – FCL/UNESP, 2002.

COSTA, A. A., SARDENBERG, C. M. B. Teoria e práxis feministas na Academia: os núcleos de estudos sobre a mulher nas universidades brasileiras. *Revista Estudos Feministas*, CIEC/ECO/UFRJ, n.especial, 2° semestre, p.387-400, 1994.

COSTA, A., BRUSCHINI, C. (Org.) *Uma questão de gênero*. Rio de Janeiro/São Paulo: Rosa dos Tempos/Fundação Carlos Chagas, 1992. p.39-53.

COSTA, A. Os estudos da mulher no Brasil ou a estratégia da corda bamba. *Revista Estudos Feministas*, CIEC/ECO/UFRJ, n.especial, 2° semestre, p.401-9, 1994.

COSTA, J. F. *Ordem médica e norma familiar*. Rio de janeiro: Graal, 1979.

COSTA, P. Momento de decisão. *Cadernos do Terceiro Mundo,* n.178, p.2-7, 1994.

COURNOYER, M. Maternité biologique, maternité sociale. Des stratégies d'éducatrices professionnelles. *Recherche Féministes,* v.7, n.1, p.73-91, 1994.

CRESSON, G. La santé, production invisible des femmes. *Recherches Féministes/Femmes, savoir, santé,* n.1, v.4, 1991.

DACACH, S., ISRAEL, G. Norplant® – ciência ou incons(ciência)? In: SCAVONE, L. (Org.) *Tecnologias reprodutivas*: gênero e ciência. São Paulo: Ed.UNESP, 1996. p.87-98.

DAGNAUD, M., MEHL, D. *Merlin l'enfanteur.* Paris: Ramsay, 1987.

DANDURAND, R. B. Femmes et familles: sous le signe du paradoxe. *Recherches Féministes,* v.7, n.1, p.1-21, 1994.

DAUNE-RICHARD, A. M., DEVREUX, A. M. Rapports sociaux de sexe et conceptualisation sociologique. *Recherches Féministes,* v.5, n.2, p.7-30, 1992.

DE GUIBERT-LANTOINE, C. Révolutions contraceptives au Canadá. *Population,* n.2, p.361, 1990.

DE KONINCK, M. La gestion biomédicale du corps des femmes: un progrès?. In: DE KONINCK, M., BAUCHARD, L., COHEN, D. *Médicalisation et controle social.* Montréal: Le Cahiers Scientifiques, ALFAS, 1995.

_____. La santé de la reproduction: un concept stratégique pour les analyses féministes. In: COLLOQUE INTERNATIONALE SUR LA RECHERCHE FÉMINISTE DANS LA FRANCOPHONIE, Québec. 1996.

DELAISI DE PARSEVAL, G. Questions sur don sans échange Dialogue, *Recherches cliniques et sociologiques sur le coupie et la familie,* Paris: p.115, 1992.

DELEURY, E. Filiation, parenté, identité: rupture ou continuité? Sortir la maternité du laboratoire. *Actes* FORUM INTERNATIONAL SUR LES NOUVELLES TECHNOLOGIES DE LA REPRODUCTION. Québec, 1988, p.164.

DELPHY, C. Pour un féminisme matérialiste. *Revue L'Arc/Simone de Beauvoir et la lutte des femmes,* Aix-en Provence, 1979. n.61, p.61.

_____. Le patriarcat, le féminisme et leurs intellectuelles. *Nouvelles Questions Feministes,* Paris, n.2, p.59-74, 1981.

DEUTSCH, H. *La psychologie des femmes.* Paris: PUF, 1987. v.II, Maternité.

DEVREUX, A. M. *De la condition féminine aux rapports sociaux de sexe*: repères pour une évolution de la définition sociologique des catégories de sexe. *B.I.E.F.*, 16. Aix-en-Provence: Centre d'Etudes Féminines de l'Université de Provence, 1986.

DOROSZ. *Guide pratique des médicaments.* Paris: Maloine, 1992.

DOSSIÊ Aborto Inseguro. Rede Nacional Feminista de Saúde e Direitos Reprodutivos, Brasil, 1998. 13 p.

DOSSSIÊ Humanização Do Parto. Rede Nacional Feminista de Saúde e Direitos Reprodutivos, Brasil, 2002.

DOSSIÊ Mulher e Direitos Reprodutivos. *Revista Estudos Feministas*, v.1, n.2, p.366-447, 1993.

DOSSIÊS Redesaúde. *Saúde da mulher e direitos reprodutivos.* São Paulo, 2001.

EHRENREICH, B. E., ENGLISH, D. *Sorcières sages* – femmes et infirmières. Michigan: Black and Red, 1973.

ENGELS, F. *El Origen de la familia, de la propiedad privada y del Estado.* Madrid: Editorial Ayuso, 1972.

ENTREVISTA com Joan W. Scott. *Revista Estudos Feministas*, Rio de Janeiro, IFCS/UFRJ, v.6, n.1, p.114-24, 1998.

ERROS e acertos da pesquisa médica. *Boletim Informativo Cidadania e Reprodução*, São Paulo, Comissão Cidadania e Reprodução, 1997.

FARGANIS, S. O feminismo e a reconstrução da ciência social. In: FARGANIS, S., JAGGAR, A. M., BORDO S. R. (Org.) *Gênero, corpo e conhecimento.* Rio de Janeiro: Rosa dos Tempos, 1997. p.224-37.

FARIA, M. de S. Norplant – um caso exemplar sobre a ausência de ética num experimento em seres humanos. In: _____. *I Simpósio Bioética e Procriação Humana*/diálogos com o feminismo. Rio de Janeiro: COPPE/UFRJ, 1996. p.147-50.

FERNÁNDEZ, J. Foucault, marido o amante? Algunas tensiones entre Foucault y el feminismo. *Revista Estudos Feministas*, v.8, n.2, p.127-48, 2000.

FERRAND, M. L'appel au désir d'enfant dans les discours et la pratique des médecins. *Les Temps Modernes*, n.1284, 1982a.

FERRAND, M. Le contrôle social de la procréation: la normalisation des conduites de reproduction à travers les relations femmes/médecine. *Femmes, féminisme et recherches*, MRI/MDF, 1982b. p.486.

_____. A questão dos direitos reprodutivos na França. *Revista Estudos Feministas*, n.esp., p.79-85, 1994.

FERRAND, M., LANGEVIN, A. De l'origine de l'oppression des femmes aux "fondements" des rapports sociaux de sexe. In: FERRAND, M., BATTAGLIOLA et al. (Org.) *A propos des rapports sociaux/parcours épistémologiques*. Paris: Centre Sociologie Urbaine/ CNRS, 1990. p.17-76.

FERREIRA, F. A. *A cesariana e suas consequências à saúde da mulher*. 1990. Dissertação (Mestrado em Sociologia) – FCL/UNESP.

FIRESTONE, S. *A dialética dos sexos*. Rio de Janeiro: Editorial Labor do Brasil, 1976.

FOUCAULT, M. *Histoire de la sexualité I*: la volonté de savoir. Paris: Gallimard, 1976.

_____. *Vigiar e punir*: nascimento da prisão. Petrópolis: Vozes, 1977.

_____. *Microfísica do poder*. Rio de Janeiro: Graal, 1979.

_____. *As palavras e as coisas*. Uma arqueologia das ciências humanas. São Paulo: Martins Fontes, 1981.

_____. *Histoire de la sexualité III*: le souci de soi. Paris: Gallimard, 1984a.

_____. *Histoire de la sexualité II*: l'usage des plaisirs. Paris: Gallimard, 1984b.

FOUGEYROLLAS-SCHEWEBEL, B. Aux marges de la domination masculine: le féminisme. *Futur Antérieur/Supplément*, Paris, L'Harmattan. p.247-50. 1993.

FRAISSE, G. La différence des sexes, une différence historique. In: FRAISSE, G. et al. *L'exercice du savoir et la différence des sexes*. Paris: L'Harmattan, 1991. p.13-36.

FRASER, N. O que é crítico na Teoria Crítica? O argumento de Habermas e o gênero. In: FRASER, N., BENHABIB, S., CORNELL, D. (Orgs.) *Feminismo como crítica da modernidade*. Rio de Janeiro: Rosa dos Tempos, 1987. p.38-65.

_____. *Unruly Practices*: power, discourse and gender in contemporary social theory. Cambridge: Polity, 1989.

FRYDMAN, R., PAPERNIK, E., TESTART, J. La maternité à quel prix? *Cahiers du Féminisme*, Paris, p.59-60, 1991-1992.

FUNDAÇÃO CARLOS CHAGAS. *Esse sexo que é nosso*. São Paulo: 1982.

GADDÉA M., MARRY, C. Les pères qui gagnent. Descendance et réussite professionnelle chez les ingénieurs. *Revue Travail, Genre et Sociétés*, Paris, L'Harmattan, n.3, p.109-35, 2000.

GARCIA-GUADILLA, N. Le machisme, l'hembrisme et les mouvements des femmes en Amérique Latine. *Les Temps Modernes*, Paris, n.388, p.687-701, 1978.

GAUCHER, D., LAURENDEAU, F., TROTTIER, L. *Parler de la vie l'apport des femmes à la sociologie de la santé. Sociologie et Sociétés*. Les femmes dans la Sociologie. Montréal. v. XIII, n. 2. p.139-52, 1982.

GAVARINI, L. Les procréations artificielles au regard de i'institution scientifique et de la cité: la bioéthique en débat. Paris, 1987. Thèse (Doctorat) – Paris, VIII.

GÉLI, J. L'obstétrique populaire aux XVII ème et XVIII ème siècle. In: KNIBIEHLER, Y., FOUQUET, C. *Historie des mères*. Paris: Montalba, 1977.

GÊNERO: uma categoria útil de análise histórica. *Educação e realidade*, Porto Alegre, 16(2), p.5-22, jul-dez. 1990.

GEORGE, S. Conscience planetaire el trop nombreux pauvres. *Le Monde Diplomatique*, mai. 1990.

GERGEN, K. J. A crítica feminista da Ciência e o desafio da Epistemologia Social. In: GERGEN, K. J., GERGEN, M. M. (Org.) *O pensamento feminista e a estrutura do conhecimento*. Rio de Janeiro: Rosa dos Tempos/EdUnB, 1989. p.48-69.

GIDDENS, A. *As consequências da modernidade*. São Paulo: Ed. UNESP, 1991.

_____. *A transformação da intimidade*. São Paulo: Ed. UNESP, 1993.

_____. Admirável Mundo Novo: o novo contexto da política. *Cad. CRH*, n.21, p.9-28, 1994.

GOLDANI, A. M. As famílias brasileiras: mudanças e perspectivas. *CPFCC*, n.91, p.7-22, 1994.

GOLDEBERG, A. Tudo começou antes de 1975: ideias inspiradas pelo estudo da gestação de um feminismo "bom para o Brasil". *Relações sociais de gênero x relações sociais de sexo.* São Paulo: NEMGE, 1989.

GORZ, A. *Capitalisme, socialisme, écologie.* Paris: Galilée, 1991.

GRENIER, Y. Le diagnostic prénatal et les minorités. Sortir la maternité du laboratoire, *Actes du Forum International sur les nouvelles technologies de la reproduction.* Québec, 1988. p.239.

GUILBERT, M. Le travail des femmes. *Revue Française du Travail,* n.8, p.663-71, 1946.

GUILLAUMIN, C. Femmes et théories de la société: remarques sur les effets théoriques de la colère des opprimées. *Sociologie et Sociétés/Les femmes dans la Sociologie,* Montreal, p.19-32, v.XIII, n. 2, 1982.

_____. *Sexe, race et pratique du pouvoir/*l'idée de Nature. Paris: Coté--Femmes, 1992.

HABERMAS, J. *La technique et la science comme "idéologie".* Paris: Gallimard, 1973.

HANISH, C. Problèmes actuels: éveil de la conscience féminine. Le "personnel" est aussi "politique". *Partisans,* Paris, Maspero, n.54-55, p.31-8, juillet/octobre, 1970.

HARDING, S. A instabilidade das categorias analíticas na teoria feminista. *Revista Estudos Feministas,* v.1, n.1, p.7-32, 1993.

HARTMANN, H. Capitalisme, patriarcat et ségrégation professionnelle des sexes. *Questions Féministes,* p.13-38, nov. 1978.

HERITIER, F. *Masculin/Féminin:* la pensée de la différence. Paris: Odile Jacob, 1996.

HIRATA, H. Pesquisas sociológicas sobre relações de gênero na França. *Relações sociais de gênero x Relações de sexo.* São Paulo: NEMGE/USP, 1989.

_____. (Org.) *Autour du "modèle" japonais.* Automatisation, nouvelles formes d'organisation et de relations de travail. Paris: L'Harmattan, 1992.

HIRATA, H., LE DOARÉ, H. Les paradoxes de la mondialisation. *Cahiers du Gedisst,* n.21, p.5-34, 1998.

IARC-WHO. Oestrogens, Progestin and Combinations. Lyon: Monographs Supplement 7, Scientific Publications, 1987.

IBGE. Síntese de Indicadores sociais por região. Brasília, 2001.

IBGE/PNAD – Instituto Brasileiro de Geografia e Estatística e Pesquisa Nacional Amostragem Domiciliar. Rio de Janeiro, 1986.

ILLICH, I. *A expropriação da saúde. Nêmesis da medicina*. Rio de Janeiro: Nova Fronteira, 1975.

IRIGARAY, L. *Le corps-à-corps avec la mère*. Montréal: Pleine Lune, 1981.

ISRAEL, G., DACACH, S. *As rotas do Norplant, desvios da contracepção*. Rio de Janeiro: REDEH, 1993.

_____. Norplant – ciência ou (in)consciência. In: SCAVONE, L. (Org.) Tecnologias reprodutivas: gênero e ciência. São Paulo: Ed. UNESP, 1996. p.88.

JAGGAR, A. M., BORDO, S. R. (Org.) Introdução. In: _____. *Gênero, corpo e conhecimento*. Rio de Janeiro: Rosa dos Tempos, 1997. p.7-16.

JELIN, E. Mulheres e direitos humanos. *Revista Estudos Feministas*, Rio de Janeiro, CIEC/ECO/UFRJ, v.2, n.3, p.117-49, 1994.

JORNAL DA REDESAÚDE. Informativo da Rede Nacional Feminista de Saúde e Direitos Reprodutivos. São Paulo, n.18, p.1-20, 1999.

KERGOAT, D. Des rapports sociaux de sexe et la division sexuelle du travail. In: _____. Rapports sociaux de sexe: une journée de discussion. *Cahiers du Gedisst*, Paris, IRESCO/CNRS, p.21-4, 1992.

_____. Relações sociais de sexo e divisão sexual do trabalho. In: KERGOAT, D., LOPES, L. M. J., MEYER, E. D., WALDOW, R. V. *Gênero e saúde*. Porto Alegre: Artes Médicas, 1996. p.19-27.

KYRIAKOS, N., FIORINI, E. Aborto legal: implicações éticas e religiosas. *Cadernos das Católicas pelo Direito de Decidir*, São Paulo, p.131-46, 2002.

KITZINGER, S. *Mães, um estudo antropológico da maternidade*. Lisboa: Presença, Martins Fontes, 1978.

KNIBIEHLER, Y., FOUQUET, C. *La femme et les médicins*. Paris: Hachette, 1983.

_____. *Histoire des mères*. Paris: Montalba, 1977.

KRISTEVA, J. Le temps des femmes. *Cahiers de Recherche en Sciences des Textes et Documents*, Paris, n.5, p.33-44, 1979.

L'ÉVOLUTION des effectifs du travail féminin en France depuis 1866. *Revue Française du Travail*, n.18, p.754-77, 1947.

LABORIE, F. La radicalité des mères porteuses. Sortir la Maternité du Laboratoire, *Actes du Forum International Sur les nouvelles technologies de la reproduction*. Québec, 1988. p.205.

_____. De quelques faces cachées des nouvelles techniques de procréation. In:_____. *L'ovaire-dose. Les nouvelles méthodes de procréation.* Syros/Alternatives, 1989.

LABORIE, F. Rapports sociaux de sexe dans les nouvelles techonologies de la reproducion. *Cahiers du GEDISST,* IRESCO/CNRS, n.3, p.29-36, 1992.

_____. Procréation artificielle: santé des femmes et des enfants. In: LABORIE, F., MASUY-STROOBANT, G. et al. *Santé et mortalité des enfants en Europe*: inégalités sociales d'hier et d'aujourd'hui. Paris: L'Harmattan, 1996. p.477-500.

LALANDE, A. Vocabulário – técnico e crítico – de Filosofia. Porto: Rés Editora, s. d. 2v.

LANGEVIN, A. Régulation sociale du temps fertile des femmes. _____. In: *Le sexe du travail.* Grenoble: PUG, 1984. p.31-41.

_____. Le calendrier des naissances: quels enjeux, quelles stratégies?. *Maternité en mouvements*: les femmes, la reproduction et les hommes de science. Montréal, PUG, 1986.

LARGUIA, L. Contre le travail invisible. *Revista Partisans,* n.54/55, p.10-3, 1970.

LAURENTI, R. et al. Mortalidade de mulheres em idade fértil no município de São Paulo. *Revista de Saúde Pública,* v.24, n.6, p.468-72, 1990.

LAURETIS, T. A tecnologia do gênero. In: BUARQUE DE HOLLANDA, H. (Org.) *Tendências e impasses*: o feminismo como crítica da cultura. Rio de Janeiro: Rocco, 1994. p.206-42.

LERIDON, L., TOULEMON, H. La régulation des naissances se généralise. *Les Dossiers du CEPED,* Paris, n.41, p.10-14, juin 1996.

LES CAHIERS DU GRIF. *Mères Femmes,* Bruxelas, n.17/18, 1977.

LOBO, E. S. Os usos do gênero. *Relações sociais de gênero x relações de sexo,* NEMGE/USP, 1989. p.776-87.

_____. O trabalho como linguagem: o gênero do trabalho. In: LOBO, E. S., OLIVEIRA COSTA, A., BRUSCHINI, C. (Org.) *Uma questão de gênero.* Rio de Janeiro/São Paulo: Rosa dos Tempos/Fundação Carlos Chagas, 1992. p.252-65.

LUROL, M. Quand les institutions se chargent de la question du travail. *Revue Travail. Genre et Sociétés*, Paris, L'Harmattan, n.1, p.179-99, 1999.

MACHADO, Z. L. Feminismo, academia e interdisciplinaridade. In: MACHADO, Z. L., COSTA, A., BRUSCHINI, C. *Uma questão de gênero*. Rio de Janeiro: Rosa dos Tempos, São Paulo: Fundação Carlos Chagas, 1992. p.24-38.

MAHAIM, A. et al. *Femmes et mouvement ouvrier*. Paris: Editions La Brèche, 1979.

MARQUES-PEREIRA, B., CARRIER, B. *Os direitos reprodutivos*: rumo a uma quarta geração de direitos. Recife: SOS Corpo, 1997. 14p.

MARSHALL, T. H. *Class, citinzenship and social development*. Chicago: University Press, 1964.

MARTINS, I. R. et al. Aborto induzido em mulheres de baixa renda: dimensão de um problema. *Cadernos de Saúde Pública*, São Paulo, v.7, p.251-66, 1991.

MARX, K., ENGELS, F. *L'idéologie allemande*. Paris: Éditions Sociales, 1953.

MATHIEU, L. Portée et limites du comparatisme: quelques questions soulevées par la prostitution masculine. In: DAGENAIS, H. (Org.) *Pluralité et convergences*. Montréal: Remue-ménage, 1999. p.260-82.

MAULDIN, W. P., ROSS, J. A Family Planning Programs: efforts and results, 1982-89. *Studies in Family Planning*, n.22, p.350, 1991.

MAUSS, M. *Sociologie et Anthropologie*. Paris: PUF, 1980.

MEAD, M. *Male and female*. New York: William Morrow and Co. Inc., 1948.

MELO, V. H. *Evolução histórica da obstetrícia*: a marginalidade social das parteiras e da mulher. Belo Horizonte, 1983. Dissertação (Mestrado) – Faculdade de Medicina da UFMG.

MICHEL, A. Naissance d'une conscience féministe. *L'Arc, Simone de Beauvoir et la lutte des femmes*, Aix-en-Provence, n.61, p.31-8, 1975.

MIES, M. Os modelos de consumo no norte: causa da destruição ambiental e da pobreza no sul. *Cadernos da REDEH,* n.esp., 1991.

MINAYO, M. C. *O desafio do conhecimento*: pesquisa qualitativa em saúde. São Paulo: Hucitec, 1993. 269p.

MINKOWISKI, A. *L'art de naître.* Paris: Odile Jacob, 1987.

MITCHELL, J. *Psychanalyse et féminisme.* Paris: Des Femmes, 1975. v. 1, 2.

MOLINA, A. O paradigma ético-científico e a saúde da mulher. *Simpósio Bioética e Procriação Humana, diálogos com o feminismo.* Rio de Janeiro: COPPE/UFRJ, 1996.

_____. Anticoncepción, salud reproductiva y ética. In: SCAVONE, L. (Org.) *Género y salud reproductiva en América Latina.* Costa Rica, LUR/UNESP, 1999. p.87-120.

MORAES, M. L. Q. de. A experiência feminista dos anos setenta. *Coleção Textos,* FCL/Ara/UNESP, 1990.

_____. Marxismo e feminismo: afinidades e diferenças?. *Crítica Marxista,* São Paulo, Boitempo Editorial, p.89-97, 2000.

MUNYAKAZI, A. Un contraceptif implantable: le Norplant®. *Famille, Santé, Développement,* Rwanda, n.15. p.25, août 1989.

NOVAES, S. Les techniques médicales de procréation. In: NOVAES, S., DE SINGLY, F. (Org.) *La famille*: l'état des savoirs. Paris: La Découverte, 1991. p.327-33.

_____. Ética e debate público. *Revista Sociedade e Estado,* Brasília, jan/jun. 1995.

NOVAES, S., BIÉLGEMANN-MASSARI, M. Panorama of fertility control in the world. J.ROSE (Ed.) *Human Population Problems.* Gordon and Breach Science Publishers, 1997.

NOVAES, S., SALEM, T. Recontextualizando o embrião. *Revista Estudos Feministas,* Rio de Janeiro, CIEC/ECO/UFRJ, n.1. p.65-89, 1995.

O, WHY was I born with a different face? Corps physique et corps politique pendant la Revolution Française. *Cahiers du GEDISST,* Paris, p.41-55, 1993.

OLIVEIRA, F. Expectativas, falências e poderes da medicina de procriação: gênero, racismo e bioética. In: SCAVONE, L.(Org.) *Tecnologias reprodutivas*: gênero e ciência. São Paulo: Ed. UNESP, 1996. p.185-98.

OLIVEIRA, M. C. A família brasileira no limiar do ano 2000. *Revista Estudos Feministas,* v.4, n.1, p.55-63, 1996.

OMS. Reproductive Health: a key to a brigther future. Suisse, 1992.

DAR A VIDA E CUIDAR DA VIDA **201**

PAILLÉ, P. De l'analyse qualitative en général et de l'analyse thématique en particulier. *Recherches Qualitatives*, Québec, v.15, p.179-94, 1996.

PEREA, J.G.F. La soledad en la paternidad – *Série La salud reproductiva*: una tarea conjunta. Video, México, 2000.

PERROT, M. Michel Foucault et l'histoire des femmes. In: _____. *Les femmes ou les silences de l'Histoire*. Paris: Flammarion, 1998. p.413-24.

_____. La domination masculine de Pierre Bourdieu. *Revue Travail, Genre et Sociétés*, Paris, L'Harmattan, n.1, p.202-7, 1999.

PINTO, E. A. Aborto numa perspectiva étnica e de gênero: o olhar masculino. In: ARILHA, M., RIDENTI, S. G. U., MEDRADO, B. (Org.) *Homens e masculinidades*: outras palavras. São Paulo: ECOS/Editora 34, 1998. p.101-28.

PITANGUY, J. Medicina e bruxaria: algumas considerações sobre o saber feminino. In: LABRA, M. E. *Mulher, saúde e sociedade*. Petrópolis: Vozes/Abrasco, 1989.

PNDS/BEMFAM et al. *Pesquisa Nacional Demografia e Saúde*, p.48-69, 1997.

QUEIROZ, M. I. P. *Variações sobre a técnica de gravador no registro da informação viva*. São Paulo: CERU/FFLCH, 1983.

_____. Relatos orais do "indizível" ao "dizível." *Ciência e Cultura*, v.39, n.3, p.271-86. 1991.

RAGO, M. *Os prazeres da noite*. Prostituição e códigos da sexualidade feminina em São Paulo. São Paulo: Paz e Terra, 1991.

_____. E se Nietzche tivesse razão? A categoria do gênero no pós-estruturalismo. In: SCAVONE, L. (Org.) *Tecnologias reprodutivas*: gênero e ciência. São Paulo: Editora UNESP, 1996. p.31-46.

REDE Nacional Feminista de Saúde e Direitos Reprodutivos. *Dossiê Aborto Inseguro*. São Paulo, p.1-15, 1998.

REDESAÚDE, Saúde da Mulher e Direitos Reprodutivos, Dossiês, SP, 2001.

REVUE PARTISANS. Libération des Femmes/Année Zero, n.54-5, 1970. 247p.

RIBEAUD, M. C. *La maternité en milieu sous-proletaire*. Paris: Stock/Voix des Femmes, 1979.

RIBEIRO, M. Direitos reprodutivos e políticas descartáveis. *Revista Estudos Feministas,* Rio de Janeiro, IFCS/UFRJ, v.1. n.2, p.400-7, 1993.

RIBEIRO V. S., SILVA, A. A. Neonatal trends in São Luís, Maranhão, Brazil, from 1979 to 1996. *Cadernos de Saúde Pública,* v.16, n.2, p.429-38, ap./june 2000.

RIPPA, Y. *Les femmes, actrices de l'Histoire*: France 1789-1945. Paris: SEDES, 1999.

ROCHA, M. I. B. *O Congresso Nacional e a Questão do Aborto – Relatório preliminar de pesquisa.* Campinas, p.1-66, 1994.

_____. A questão do aborto no Brasil: o debate no Congresso. *Revista Estudos Feministas,* Rio de Janeiro, IFCS/UFRJ, p.381-98, 1996a.

_____. O Congresso Nacional e a questão do aborto no Brasil: o debate no Congresso Nacional. *Revista Estudos Feministas,* v.4, n.2, 1996b.

ROMITO, P., HOVELAQUE, F. Changing approches in women's health: new Pitfalls in prenatal preventive care. *International Journal of Health Services,* 17, p.241, 1987.

ROTANIA, A. Viertentes Valorativas actuales en rálación con las NTRc. In: SCAVONE, L. (Org.) *Genero y Salud Reproductiva en América Latina.* Costa Rica: Ed. LUR (EULAC/GTV), 1999.

_____. O projeto Genoma Humano: desafios éticos da biologia moderna. *Revista Brasileira de História da Ciência,* Rio de Janeiro, n.1, p.3-16, jan./jun. 1993.

ROWBOTHAM, S. et al. *Além dos fragmentos.* São Paulo: Brasilense, 1981.

ROWBOTHAM, S. *Féminisme et révolution.* Paris: Petite Bibliothèque Payot, 1972.

SAFFIOTI, H. I. B. *A mulher na sociedade de classes*: mito e realidade. São Paulo: Livraria Quatro Artes Editora, 1969.

_____. Rearticulando gênero e classe social. In: COSTA, A. de O., BRUSCHINI, C. *Uma questão de gênero.* Rio de Janeiro: Rosa dos Tempos; São Paulo: Fundação Carlos Chagas, 1992. p.183-215.

_____. Quem tem medo dos esquemas patriarcais de pensamento?. *Crítica Marxista,* São Paulo, Boitempo, p.71-5, 2000.

SAILLANT, F. Les soins domestiques au Québec: évolution d'un programme de recherche appuyé sur une méthodologie qualitative. *Recherches Qualitatives*, v.15, p.23-48, 1996.

SANTOS, Boaventura de S. *Introdução a uma ciência pós-moderna*. Rio de Janeiro: Graal, 1989.

_____. *A crítica da razão indolente*: contra o desperdício da experiência. São Paulo: Cortez, 2000.

_____. *Pela mão de Alice*: o social e o político na pós-modernidade. Porto: Edições Afrontamento, 1994.

SCAVONE, L. Mulheres pesquisando mulheres: uma experiência na área de saúde. In: LABRA, M. E. *Mulher, saúde e sociedade*. Petrópolis: Vozes/Abrasco, 1989.

_____.BRETIN, H., THÉBAUD-MONY, A. Contracepção, controle demográfico e desigualdades sociais: análise comparativa francobrasileira. *Revista Estudos Feministas*, Rio de Janeiro, CIEC/ECO/UFRJ, v.2, n.2, p.357-72, 1994.

SCHIENBINGER, L. O feminismo mudou a ciência? Bauru: EDUSC, 2001. 382 p.

SCOTT, J. *La citoyenne paradoxale*. Les féministes françaises et les droits de l'homme. Paris: Bibliothèque Albin Michel Histoire, 1998.

_____. Gênero: uma categoria útil de análise histórica. *Educação e Realidade*, n.16, v.2, p.5-22, 1990.

_____. História das mulheres. In: BURKE, P. (Org.) *A escrita da História*. São Paulo: Editora UNESP, 1992.

_____. Igualdade versus diferença: os usos da teoria pós-estruturalista. *Revista Debate Feminista*, edição brasileira, p.203-22, 1999.

SERRUYA, S. *Mulheres esterilizadas*: submissão e desejo. Belém: NAEA/UFPA/UEPA, 1996.

SFEZ, L. *La santé parfaite, critique d'une nouvelle utopie*. Paris: Seuil, 1995. 390p.

SHORTER, E. *Le corps des femmes*. Paris: Seuil, 1992.

SILVESTRE L., ULMANN, A. Intérêt du RU 486 en gynécologie-obstétrique. *Abstract Gyneco Bimensuel*, 1990.

SIMONE de Beauvoir et la lutte des femmes. *Revue L'Arc*, n.61, 1975.

SIMONS, H. Cairo: Repacking Population Control. *International Journal of Health Services*, p.559-66, v.25, n.3, 1995.

SINTOMER, Y. Controverses autour du livre de Pierre Bourdieu *La domination masculine*. *Travail, Genre et Sociétés*, n.1, p.208-13, avril, 1999.

SITRUK-WARE, R. La contraception du futur. *La Presse Médicale*, Paris, 16, n.11, p.511, 1987.

SNOWDEN, R., MITCHELL, G. D. La famille artificielle, réflexion sur l'insémination artificielle par donneur. Paris: Antropos, 1984.

SOMMER, S. *Genética, Clonación y Bioética*. Como afecta la ciencia nuestras vidas? Buenos Aires: Biblos, 1998. p.136.

SOUZA E SILVA, R. Cegonhas indesejadas: aborto provocado. *Estudos Feministas*, v.1, n.1, p.23-134, 1993.

SPAGNOLETTI, R. Histoires du mouvement. In: VANDELAC, L. (Org.) *L'Italie au féminisme*. Paris: Tierce, 1978. p.19-45.

_____. Falácia da escolha. *Jornal da Redesaúde*, São Paulo, 1997.

STEMERDINGKAREN, B. Falácia da Escolha. *Jornal da Redesaúde*, São Paulo, n.13, p.13, 1997.

STOLCKE, V. Derechos Reproductivos. *Direitos Reprodutivos*, São Paulo, FCC, p.73-108, 1991.

SULLEROT, E. (Dir.) Le fait féminin. Qu'est-ce qu'une femme? Paris: Fayard, 1978.

_____. *Les françaises au travail*. Paris: Hachette, 1973.

SÜSSMUTCH, R. A nova maternidade e os projetos de vida da mulher. In: SOLIZ, N. (Coord.) *A mulher no século XXI*. Rio de Janeiro: Instituto Goethe, 1988.

TESTART, J. *Le Magasin des Enfants*. Paris: François Bourin, 1990.

THE ALAN GUTTMACHER INSTITUTE. *Aborto clandestino: una realidad latinoamericana*. New York. p.5-32, 1994.

THEBAUD-MONY, A. *Besoins de santé et politique de santé*. Paris, 1980. These (Doctorat d'Etat) – Paris V.

THONNEAU, P. et al. Analysis of 369 abortions conducted by mifepristone (RU486) associated with sulprostone in a French family planning center. *Fertility and Sterility*, jan. 1994.

TOULEMON, L., LERIDON, H. Maîtrise de la fécondité et appartenance sociale: contraception, grossesses accidentelles et avortements. *Population*, I, p.1-46, 1992.

TURBET, S. *Mulheres sem sombra*: maternidades e novas tecnologias reprodutivas. Rio de Janeiro: Record, Rosa dos Tempos, 1996. 332p.

VARIKAS, E. Égalité. In: HIRATA et al. *Dictionnaire Critique du Féminisme*. Paris: PUF, 2000. p.56.

_____. "O, Why was I born with a different face?" Corps physique et corps politique pendant la Révolution Française. *Cahiers du GEDISST*, Paris, n.6, IRESCO/CNRS, p.41-54, 1993.

_____. La nature politique du genre ou les limites de la démocratie historique. *Cahiers du GEDISST*, Paris, n.14, p.43-56, 1995. IRESCO/CNRS.

VIANNA, L. Epidemiologia do aborto. In: SCAVONE, L. (Org.) *Tecnologias reprodutivas*: gênero e ciência. São Paulo: Ed. UNESP, 1996. p.129-34.

VIANNA, L. et al. *A mulher e o aborto*: da decisão à prática. Relatório Final de Pesquisa, Fapesp/CNPq, 1998. 256p.

VIEIRA, M. E. A esterilização de mulheres de baixa renda em região metropolitana do Sudeste do Brasil e fatores ligados à sua prevalência. *Cadernos de Saúde Pública*, 28(6), p.440-8, 1994.

VILAINE, A., GAVARINI, L., LE COADIC, M. *Maternité en mouvement*. Grenoble e Montréal, PUG/ESM, 1986.

VOLOCHKO, A. et al. *Estudo multicêntrico da morbi-mortalidade feminina no Brasil*: o Estado de São Paulo. SES/NISMC/NEPO, abr. 1999.

WEBER, M. S. Weber, uma biografia, Portugal, Casa Jorge Editorial, 2003.

WORLD BANK. *Brazil:* Women's Reproductive Health. Brasília: Report, 1990. p.111.

WORLD BANK. *Public Spending on Social Programs*: Issues and Options, 1986.

XAVIER, D., ÁVILA, M., CORREA, S. Questões feministas para a ordem médica: o feminismo é o conceito de saúde integral. In: LABRA, M. E. *Mulher, saúde e sociedade*. Petrópolis: Vozes/Abrasco, 1989.

ZETKIN, C. *Batailles pour les femmes*. Paris: Editions Sociales, 1980.

ZOLA, E. *Le bonheur des dames*. Paris: Fasquelle, 1998.

WOLLSTONECRAFT, Mary. *Vindication of the Rights of Woman*, 1792.

SOBRE O LIVRO

Formato: 14 x 21 cm
Mancha: 23,7 x 42,5 paicas
Tipologia: Horley Old Style 10,5/14
Papel: Offset 75 g/m^2 (miolo)
Cartão Supremo 250 g/m^2 (capa)
1ª edição: 2004

EQUIPE DE REALIZAÇÃO

Coordenação Geral
Sidnei Simonelli

Produção Gráfica
Anderson Nobara

Edição de Texto
Eloisa Aragão (Preparação de Original)
Mônica Reis e
Ana Paula Castellani (Revisão)
Oitava Rima Prod. Editorial (Atualização Ortográfica)

Editoração Eletrônica
Oitava Rima Prod. Editorial

Impressão e acabamento